互联网金融研究

曲 鸥 ■ 著

中国原子能出版社
China Atomic Energy Press

图书在版编目（CIP）数据

互联网金融研究 / 曲鸥著 . -- 北京：中国原子能
出版社 , 2022.12

ISBN 978-7-5221-2418-6

Ⅰ . ①互… Ⅱ . ①曲… Ⅲ . ①互联网络—应用—金融
—研究 Ⅳ . ① F830.49

中国版本图书馆 CIP 数据核字 (2022) 第 228859 号

互联网金融研究

出版发行	中国原子能出版社（北京市海淀区阜成路 43 号 100048）	
责任编辑	潘玉玲	
责任印制	赵　明	
印　　刷	北京天恒嘉业印刷有限公司	
经　　销	全国新华书店	
开　　本	787mm×1092mm　1/16	
印　　张	10.625	
字　　数	210 千字	
版　　次	2022 年 12 月第 1 版　　2022 年 12 月第 1 次印刷	
书　　号	ISBN 978-7-5221-2418-6	**定　价　76.00 元**

前　言

　　伴随着移动互联网的普及、物联网技术的兴起、大数据和云计算的快速推广以及人工智能和区块链技术的研发应用，信息技术和金融的融合不断打破现有金融边界，深刻改变着金融服务的运作方式。互联网金融是传统金融机构与互联网企业利用互联网技术和信息通信技术实现资金融通、支付、投资和信息中介服务的新型金融业务模式。互联网金融是社会发展和互联网革命对传统金融业的重塑，社会各界对互联网金融的高度关注，推动了我国互联网金融健康、稳定、可持续发展。

　　中国的互联网金融起步较晚，但其发展速度惊人，且形式日趋多样化。大众所熟知的互联网金融产品越来越多，这些产品也备受人们青睐。虽然互联网金融本身具有成本低、收益高、覆盖广的特点，但是互联网金融业务模式下也存在许多风险。互联网金融业的蓬勃发展不仅对传统金融业的模式造成了很大程度的冲击，也对我国现行金融监管制度和机构提出了更高要求。本书以互联网金融为研究主题，从互联网金融的概念、模式、监管、安全等方面着手，综述当前互联网金融的研究情况，以供后续研究参考借鉴。

　　互联网金融在我国是一个快速发展、动态变化的新兴领域，不仅知识更新快，而且观点众多，百家争鸣。因此，在本书的撰写过程中，我们参考和借鉴了相关专家学者的大量研究成果，包括著作、教材和网络文献，以期为读者呈现我国互联网金融的全貌。在此，对相关作者表示感谢。由于我国互联网金融仍处于探索与发展之中，囿于时间和编者能力，书中难免有疏漏和不足之处，敬请广大读者批评指正。

目 录

第一章　互联网金融概述···1

　　第一节　互联网金融的产生背景·······································1

　　第二节　互联网金融的基本概念·······································9

　　第三节　互联网金融的理论基础·······································15

　　第四节　互联网金融与传统金融·······································19

第二章　第三方支付···25

　　第一节　电子商务与电子支付···25

　　第二节　第三方支付风险管理···31

　　第三节　第三方支付监管···37

第三章　金融科技···42

　　第一节　人工智能金融···42

　　第二节　区块链金融···49

　　第三节　大数据金融···57

　　第四节　云计算金融···64

第四章　众筹融资···68

　　第一节　众筹融资基础···68

　　第二节　股权与非股权众筹···70

　　第三节　众筹风险分析···75

第五章　供应链金融···80

　　第一节　供应链金融基础···80

　　第二节　供应链金融模式···93

第六章　互联网金融销售模式··106

　　第一节　互联网基金···106

　　第二节　互联网保险···110

　　第三节　互联网证券···114

　　第四节　互联网理财···117

第七章　信息化金融机构及互联网金融创新 ················· 120

　　第一节　信息化金融机构 ································· 120

　　第二节　互联网金融创新 ································· 126

第八章　互联网金融风险监管科技 ····················· 137

　　第一节　互联网监管科技的基础含义 ················· 137

　　第二节　互联网监管科技的核心技术 ················· 139

　　第三节　互联网监管科技的应用领域 ················· 140

　　第四节　监管科技对金融主体的影响 ················· 142

第九章　互联网金融业态安全 ························· 146

　　第一节　网络支付安全 ··························· 146

　　第二节　网络借贷安全 ··························· 149

　　第三节　互联网其他业态安全 ····················· 152

参考文献 ··· 159

第 一 章　互联网金融概述

第一节　互联网金融的产生背景

一、互联网金融的产生

任何事物的产生和发展都离不开社会需求与科技进步的推动,互联网金融业也不例外,互联网金融的兴起是大势所趋,是社会需求推动下时代发展的必然产物。

(一)互联网技术的普及为互联网金融产生提供了条件

互联网技术的进步,尤其是社交网络、搜索引擎、大数据、云计算等技术的普及,使市场信息不对称程度大大降低,通过分析和整理制定风险控制模型,信息处理成本和交易成本大幅度降低。信息技术的迅猛发展,不仅降低了处理金融交易的成本,而且降低了投资者获取信息的难度,这为互联网金融的产生提供了条件。

以大数据和云计算技术为例,大数据包含了互联网、医疗设备、视频监控、移动设备、智能设备、非传统 IT 设备等渠道产生的海量结构化或非结构化数据,大量的交易数据中囊括了有关消费者、供应商和运营管理方面的信息,运用云计算技术对获取的大数据进行系统的筛选、提炼、统计和分析,不仅能够获取最有效的信息,还能够获取潜在的商业价值。大数据和云计算技术的应用,不仅提高了信息的处理效率和利用率,而且降低了信息处理的成本。

例如,阿里、京东等电子商务企业可以获得商户的日常交易信息、订单信息,通过交易信息数据处理分析可以得出商户基于该平台交易本身的实际资信水平,从而确定是否向商户发放贷款以及贷款额度。在整个过程中增加了可信融资者的范围,之前未被准入的基于平台交易的小微企业群可以获得一定的融资,大数据的运用使得企业获得贷款的过程快捷、灵活。

(二)电子商务的快速发展为互联网金融奠定用户基础

近年来,我国电子商务市场规模持续增长,网络购物逐渐成为消费的潮流。随着电子商务的发展,其对我国工农业生产、商贸流通和社区服务等的渗透不断加深,实现了实体经济与网络经济、网上与网下的不断融合,且跨境合作与全球扩展的趋势日趋明显。电子商务的快速发展引起对便捷网上支付方式的迫切需求,成为互联网金融发展的契机。

在电子商务体系中,互联网金融是必不可少的一环。传统的电子商务包括商务信息流、资金流和物流三个方面,其中,资金流关系到企业的生存和发展,对企业而言至关重要。新型电子商务所涉及的交易摆脱了时间和空间的限制,对资金流的控制则需要第三方支付和传统渠道之外的资金支持。新型电子商务使得商品交易的时间大大缩短,这也对更加快捷的支付和资金融通提出了新的要求。因此,电子商务的快速发展使得更多的企业对快捷的资金服务需求进一步加大。互联网在居民生活和企业经营发展中的渗透加深,加之电子商务的发展,促使企业更加需要高效便捷的金融服务,这些为互联网金融的快速发展奠定了广阔的用户基础。

(三)网络渠道的拓展可以降低成本、增加用户数量

自进入网络经济时代以来,以互联网为主的现代信息和通信技术快速发展。互联网改变了企业与客户之间传统的供求方式,扩大了品牌的影响力。越来越多的企业认识到互联网渠道的拓展对企业发展的重要性。对于企业而言,互联网营销渠道构建的优势主要体现在成本的节约与用户数量的增长上,这两点也是企业长期发展的立足点。

首先是时间成本的节约。通过互联网信息的传播,产品信息可以瞬间到达另一个互联网终端,时间成本趋近于零。其次是营销成本的节约。在网络推广下,销售信息以低廉的成本在互联网用户之间传播,相对于其他媒介的营销推广,互联网低廉的成本优势显而易见。最后是通过成本的节约。互联网的应用在一定程度上弱化了渠道中间商的作用,极大地降低了其通路成本。

在用户拓展上,互联网金融突破了地域的限制,所有使用互联网的人群均为互联网金融企业潜在的用户。企业通过对用户的地域分布、年龄、性别、收入、职业、婚姻状况和爱好等基本资料的分析处理,从而有针对性地投放广告,并根据用户特点做定点投放和跟踪分析,对广告效果做出客观准确的评价。网络营销的精准定位,将部分潜在客户变为企业实际用户,在一定程度上帮助企业拓展了用户群体。

(四)多样化的融资理财需求刺激互联网金融的发展

从 20 世纪 80 年代开始,我国经济就一直处于高速发展状态,GDP 年均增长速度在 7%以上,经济的高速发展使得居民收入持续稳定增长,居民人均可支配收入不断增长,家庭恩格尔系数不断下降,这些都表明中国居民的生活水平有了实质性的提高,消费领域扩大,并开始由量向质转变。随着经济形态不断演进,消费者对金融的诉求不断提高,我国过去的金融业非常庞大,但服务范围较小,传统金融体系已无法满足消费者对金融服务日益增长变化的需求,而互联网金融可以实现资金的合理有效配置,提高金融服务质量,弥补传统金融服务不足,因此有了互联网金融产生的空间。

另外,小微企业在我国国民经济的发展中起着不可替代的作用,传统的金融业更多地关注高净值客户群、机构客户,而小微企业的规模小、固定资产比重低、财务信息透明度低等经营特征使其面临融资障碍。信息不对称所带来的高融资成本更使小微企业外部融资难上加

难。从融资渠道来看，目前，我国小微企业仍旧偏向于以内部融资的方式获得资金，仅有少部分小微企业能从银行获得贷款。互联网金融依托计算机网络、大数据处理，大幅度拓宽了金融生态领域的边界，免于实体网点建设、24小时营业、准入门槛低的特点使互联网金融平台提高了金融服务的覆盖面。金融平台与电子商务紧密合作，降低了获取小微企业信息的成本，促进了交易的达成。利用计算机系统，任何互联网金融平台都能对订单进行批量处理，从而提高了效率。这些特点均为小微企业融资提供了便利条件，逐步解决了小微企业融资难的问题。互联网金融为小微企业的融资提供了高效、便捷的途径，不断增长的小微企业融资需求又促进了互联网金融的发展。

（五）融资来源及经营地域限制倒逼互联网金融的发展

民间借贷的发展是由于普通个人和小微企业无法从正常的金融渠道获取融资。融资来源和地域的限制已成为制约其发展的瓶颈。

一是融资来源限制。《关于小额贷款公司试点的指导意见》中规定：小额贷款公司的主要资金来源为股东缴纳的资本金、捐赠资金，以及来自不超过两个银行业金融机构的融入资金；在法律、法规规定的范围内，小额贷款公司从银行业金融机构获得融入资金的余额，不得超过资本净额的50%。

二是经营地域限制。各地方在成立小额贷款公司时大多规定其不得从事其他经营活动、不得对外投资、不得设立分支机构、不得跨县级行政区域发放贷款。在我国，小微企业数量较多，融资需求也极为旺盛，传统的民间借贷市场信息不对称现象严重，借贷利率有时甚至高于银行利率数倍，导致这些企业往往进入高利贷的恶性循环，最后无法还款，容易发生群体性事件。传统的民间借贷需要中间方，这也推高了借贷利率。而P2P网络贷款平台的发展则为双方提供了一个直接对接的平台，突破了借款人、出借人的地域和时间限制，从而引导资金流向，合理高效地配置资源。

二、互联网金融的发展现状

（一）传统金融业务网络的发展现状

互联网给传统金融机构造成了新的冲击，于是传统金融机构纷纷设立电商部门，建设电商网站来销售金融产品：银行广泛通过互联网开展品牌宣传、产品推广、客户服务；保险公司进行网络直销；证券公司推广网上营业厅；基金公司进行网上直销。目前，网络营销已经成为金融机构必不可少的营销方式，从早期的初级应用发展到全面利用互联网技术，通过优化整合内部业务流程及网络销售渠道，建立基于互联网技术的核心竞争优势。

1. 商业银行网络化

我国银行业的互联网金融创新已有不短的历史。股份制商业银行率先敏锐地认识到互联网带来的发展机会和拓展空间。20世纪末，招商银行率先推出我国第一家网上银行，目前已经拥有包括网上企业银行、网上个人银行、网上支付系统、网上证券系统等系列网站在内的网上银行产品。作为国内首家经批准开展个人网上银行业务的商业银行,招商银行在互联网领域的战略定位、营销手段、产品创新和服务等方面都进行了效果显著的创新。

尽管大型商业银行凭借其客户规模优势保持着市场份额领先的地位,但在应对互联网的冲击时行动相对迟缓,其互联网业务增速要低于创新性中小银行。从实践中来看,中小银行在产品与服务创新方面速度更快,反应更加灵敏,市场份额不断提高,一方面蚕食大型银行传统客户市场,另一方面又不断扩大新增客户市场。

2. 证券业网络化

由于券商(证券公司)不同业务的门槛不一,对应的监管要求也不一样,互联网金融对证券业的影响程度及时间先后有所不同。同质化、低技术含量、低利润率、监管者有意放开的业务会率先受到冲击,而对知识、技术、资本及风控要求高的业务则可能在互联网金融向更高层次发展之后受到影响,经纪业务和资产管理大众市场首当其冲,股权众筹也可能演变成网络首次公开募股(IPO)。

大型券商业务结构更加多元化,对传统业务依赖程度更低,即使一些通道类业务受到冲击,对整体的影响也并不大。大型券商拥有雄厚的资本实力、强大的人才储备和较高的品牌美誉度,是其参与互联网创新的坚实基础。大型券商在争取互联网合作资源、引入第三方产品等方面也比小型券商更具优势。少数中型券商借助互联网金融实现"弯道超车"也不无机会。

3. 保险业网络化

近年来,保险企业在渠道发展方面面临严峻挑战。经纪公司、银行、4S 店等专业和兼业代理存在的成本较高、营销员增长乏力、代理人产能受限、过度营销广受诟病等问题促使保险企业加大互联网、电话等新渠道的开发力度。

（二）非传统金融机构互联网业务模式发展现状

互联网金融实质上是将互联网技术应用到金融服务,用互联网理念改变金融服务方式的一种变革。融资与支付是金融服务的主要组成部分,非传统金融机构的互联网金融运营模式主要体现在以第三方支付为代表的互联网金融支付模式,以及以 P2P、众筹为代表的互联网金融融资模式。下面用数据直观地介绍这两种非传统金融机构的互联网金融运营模式在我国的发展现状。

1. 第三方支付

第三方支付指的是独立于商户和银行并且具有一定实力和信誉保障的独立机构,是为商户和消费者提供交易支付平台的网络支付模式。目前,市场上一般将其划分为第三方互联网支付和第三方移动支付两种。用户通过台式计算机、便携式计算机等设备,依托互联网发起支付指令,实现货币资金转移的行为被称为互联网支付。互联网支付与第三方支付形成的交集即为第三方互联网支付。基于无线通信技术,用户通过移动终端上非银行系产品实现的非语音方式的货币资金的转移及支付行为即第三方移动支付。

2. P2P 借贷

P2P（peer-to-peer lending 或 person-to-person lending）即点对点或个人对个人信贷。P2P 借贷有两个特点：一是 P2P 借贷双方参与的广泛性，借贷双方呈现散点网络状的多对多形式，且针对特定主题；二是交易条件具有灵活性和高效性，极大地满足了借贷双方的多样化需求。此外，P2P 借贷平台省去了烦琐的层层审核模式。在信用合格的情况下，其手续简单直接。在该模式中，存在一个重要的中介服务者——P2P 借贷平台。平台主要为 P2P 借贷的双方提供信息流通交互、信息价值确认和其他促成交易完成的服务，但不作为借贷资金的债权债务方。

3. 众筹模式

众筹模式的特点在于使社交网络与"多数人资助少数人"的募资方式相互交叉，并带有利用互联网资助圆梦的色彩。由于较低的准入门槛和广泛的融资渠道，众筹模式在我国深受青睐。国内众筹平台大致分为凭证式、会籍式、天使式三类。由于我国众筹的回报方式可以是实物，也可以是非实物，但不能涉及资金或股权，所以其融资规模和发展方式仍受制约。

我国的众筹模式远未成熟，主要是因为缺乏支持这种融资模式的制度环境。这种弱关系下的融资活动在信任机制、权利保障和退出机制上存在着许多现实问题。投资主体的多元化、零散化可能导致众多投资者之间的利益无法协调一致，影响到筹资项目的运营进程。这就需要对众筹参与者实行资格限定，确保只有满足一定要求的投资者才能对具体运营项目进行投资。此外，众筹参与群体之间的信任关系也需要强化，如果参与群体价值观比较相近，将有利于固化利益纽带，实现众筹目的。由于知识产权缺乏制度保障，一旦进入众筹平台，项目创意可能被竞争对手抄袭，所以优质项目大多不愿选择众筹模式融资。众筹网站只能吸引一些刚刚起步的创业者，项目的质量较低，投资周期也不固定，相对而言是一个较为漫长的过程，退出机制更是没有固定的范式。基于种种原因，我国众筹平台上的项目在数量、质量、筹资金额、用户规模方面还处于较低水平，无法形成规模效应，在金融市场上的影响力有待进一步提高。

三、互联网金融的发展趋势

（一）多层级金融服务体系形成

互联网金融将助力社会形成多层级的金融服务体系，虽然在短期内互联网金融的出现不能使现有的金融机构发生颠覆性的改变，但是由于互联网的理念和模式使资金配置更加直接和自由，再加上大数法则也会降低总体违约率，即使这个过程比较漫长，也可以通过互联网技术手段，最终摆脱传统金融机构在资金融通过程中的主导地位。

作为原有金融体系补充的互联网金融具有多样性和灵活性的特点，既能有效地将金融服务下沉至原本无法覆盖到的广大微小的个体户中去，又能在原来没有涉猎的领域中开展，极大地提高了我国金融体系的灵活性和服务广度。这样多层级、立体式的金融环境可以全方位地满足需求,最终达到从初具想法创业,到企业步入正轨,再到发展壮大上市,甚至股份回购退市都有相应的金融平台支持的效果。

随着互联网金融势力涉足传统金融业的业务领域,其发展使得传统金融业与之竞争加剧,传统金融业面临客户流失严重、资产业务竞争加剧等风险。从互联网金融的发展历程可以看出,互联网金融已从最初的仅提供支付转账业务向提供包括现金管理、余额理财、基金和保险代销、小微信贷等多方面的金融服务在内的一体化模式发展,同时促进了多层级金融服务体系的形成。

中国市场金融结构的转型,不仅需要互联网金融的努力,也需要传统金融机构的支持。未来更可能的是,传统金融机构与互联网金融在更大范围内和更深程度上互相渗透和融合,从而提高整体金融服务效率。

(二)金融基础设施不断完善

金融基础设施是指金融运行的硬件设施和制度安排,其建设的三要素为法律基础设施、会计基础设施、监管基础设施。金融基础设施越发达,其承受外部冲击的能力就越强,重视金融基础设施建设对一个国家经济发展、新兴经济与转型经济的金融稳定和社会安定有着十分重要的作用。

互联网金融的发展促进法律基础设施的完善。法律基础设施是金融基础设施的核心,完善的金融法律是金融市场正常运转的保证。运行良好的法律体系有利于促进金融市场发展和刺激投资,进而带动经济增长。我国涉及计算机和网络领域的立法工作还相对滞后,有关互联网金融的法律法规较少。例如,《中华人民共和国商业银行法》和《中华人民共和国中国人民银行法》均没有针对互联网银行的有关规定。和网上银行相关的《中华人民共和国电子签名法》和《电子银行业务管理办法》等法规缺少可以具体实施的规定,并且不能具体到新出现的组织形态及业务类型,使互联网银行在运行过程中游走在已有法律法规的边缘。新互联网金融形态给国家法律调控带来了巨大的挑战,与信息网络在国家发展战略和规划布局中的基础性、先导性地位相比,政策支持力度和投入明显不足,法律基础设施仍不能满足市场发展的需要。随着互联网金融领域的新业务层出不穷,更加完善的法律政策和良好的法律环境呼之欲出,直接促进了法律基础设施的完善。

互联网金融的发展促进会计基础设施的完善。金融基础设施的第二个要素是会计基础设施。会计信息对于做出正确的、具有经济影响的判断和决策来说是十分有用的。如果对公司的经营状况、个人的信用情况没有充分的信息披露,市场约束就不可能产生。建立在高质量的披露和透明度标准基础上的会计制度,能有效地为投资者提供指导信息,促进市场繁荣。因此,加强会计基础设施的建设是非常必要的。随着互联网金融的发展,以及发展过程中所暴露出的实际问题,越来越多的企业发现,信息的不对称、信用信息披露的不完善是阻碍企业扩大业务规模的最主要阻力,在此背景下互联网金融为征信行业的发展孕育了广阔的市场,对于完善征信系统、加强信息披露力度、进一步降低由信息不对称所带来的风险,进而健全会计基础设施,有积极的作用。

互联网金融的发展促进监管基础设施的完善。金融基础设施的另一个重要因素是监管制度,旨在提高金融市场信息效率,保护消费者权益免受欺诈和渎职的侵害,维护社会稳定。构建高效的监管制度,有利于最大限度地发挥监管基础设施的作用。由于互联网金融业务的合法性难以界定,导致部分互联网金融产品游走于法律的灰色区域,网络支付平台就有可能成为"帮凶"。如与传统金融业务相比,包括二维码支付、虚拟信用卡在内的创新业务涉及不少新的流程和新的技术,这些金融创新无法受到既有规则管辖,存在一定风险隐患。目前,针对互联网金融监管没有建立相关安全技术标准、统一的业务规则以及相应的消费者权益保护制度,监管部门如果仅通过后续"叫停"的方式,容易引起支付机构的强烈反应及社会的强烈反响。互联网金融的发展无疑给金融监管和宏观调控带来了新的挑战。随着互联网金融涉及的金融相关服务范围逐步扩大,直接涉及公众利益,所以需要监管部门针对互联网金融不同模式的特性以及运营方式,对部分模式探索实施审批或者备案制,设立资本金、风险控制能力、人员资格等准入条件,并对同一模式中不同业务种类实行不同标准的差异化准入要求。从消费者角度看,消费者在权益的分配方面处于弱势地位,是互联网金融的主要风险承受载体。金融发展最终应当服务于实体经济,服务于中小微企业和社会的发展,因此,监管当局有必要重视消费者权益保护,维持金融市场体系的稳定。可以说,互联网金融的发展直接促进了新的监管政策、措施的出台,从长远来看,有利于加快完善整个监管基础设施的速度。

(三)移动互联网与金融加速融合

移动互联网是指互联网的技术、平台、商业模式和应用与移动通信技术结合并实践的活动的总称。移动互联网在带来便利的同时也会受到自身技术和移动终端设备能力的限制。移动互联网金融是传统金融行业与移动互联网相结合的新兴领域,在移动互联网的基础上呈现出社交化、个性化的趋势。目前常见的移动互联网金融服务包括移动银行、移动支付、移动证券、移动保险等。

移动互联网金融区别于传统金融服务业,采用不同的媒介,以智能手机、平板电脑和无线POS机等移动设备为代表,通过上述移动互联网工具,使得传统金融业务具有透明度更强、参与度更高、协作性更好、中间成本更低、操作更便捷等一系列特征。移动互联网金融突破了互联网金融在时间和空间上的局限性,与我们日常生活更紧密地结合在一起,使人们能够随时随地享受便捷的金融服务。移动互联网在为人们的工作和生活带来极大便利的同时,也会对传统金融行业的不足进行完善。另外,移动互联网金融业逐渐呈现出平台化、社交化、产业化的趋势,在移动端积累的数据对征信体系的建立和完善起到一定的推动作用。

(四)大数据技术服务金融行业

随着信息技术和移动互联网的发展、金融业务和服务的多样化、金融市场的整体规模扩大,金融行业的数据收集能力逐步提高,存储了大量时间连续、动态变化的数据。这些大规模的数据经过处理分析之后成为非常有价值的信息，为大数据与金融行业的结合奠定了基础。

大数据在加强风险管控、精细化管理、业务创新等业务转型中起到重要作用。首先，大数据能够加强风险的可控程度和管理力度，支持业务的精细化管理。当前，中国银行业利率市场改革已经起步，利率市场化必然会对银行业提出精细化管理的新要求。其次，大数据支持服务创新，能够更好地实现"以客户为中心"的理念，通过对客户消费行为模式进行分析，提高客户转化率，开发出不同的产品以满足不同客户的市场需求，实现差异化竞争。

大数据在小微企业信贷、精准化营销、网络融资等领域加速推进。目前，大数据应用已经在金融业逐步展开，并取得了良好的效果，形成了一些较为典型的业务类型，如小额信贷、精准营销、保险欺诈识别、供应链融资等。表1-1是对大数据在不同金融行业应用现状的总结。

表1-1 大数据在不同金融行业应用的现状

行　业	应　用	效　果
证券期货	自动化交易	使自动化交易策略的设计可参考更大范围的数据，可更好地把握证券期货市场的规律和趋势
	数据仓库和决策支持系统	有利于提高证券公司的数据分析能力，能帮助证券公司提供更好的客户服务
银行业	客户个性化营销	帮助银行业切实掌握客户的真实需求并做出快速应对，实现精准营销和个性化服务
	风险管理	使银行风险管理的能力大幅提高，帮助建立银行创新风险决策模式，赢得新客户，形成新利润增长点
	电子商务平台和电子银行	使银行业获得更加立体的客户数据，了解客户习惯，对客户行为进行预测并进行差异化服务
保险业	保险产品营销	帮助保险公司完成寻找目标客户、挖掘客户潜在保险需求等任务，使客户营销策略更加精确直接
	保险欺诈识别	通过数据分析寻找规律，完善欺诈风险信息，提高识别保险欺诈的数据质量
	互联网保险	为互联网用户提供安全的网络交易服务，使客户享受个性化服务，并且降低保险公司风险
互联网金融	网络信贷与网络基金	有效控制贷款风险问题，使非银行业的网络贷款业务与网络基金迅速崛起

第二节 互联网金融的基本概念

一、互联网金融的内涵

从广义上来说，现有的互联网金融模式根据施行主体的不同可分为两大类：一是金融互联网模式，如银行、证券、保险等实体金融机构以互联网为媒介开展的线上服务（如网上银行、网上证券等）；二是基于互联网的新金融形式（即互联网金融模式），如各类互联网在线服务平台直接或间接向客户提供第三方金融服务。

从狭义上来讲，上述中的后者——互联网金融模式是为了满足用户新的金融需求，将互联网技术与金融联姻产生的金融新业态。随着互联网产业的不断发展和成熟，互联网企业不断拓展业务范围，不仅通过传统方式向金融机构提供技术和服务支持，而且不断挖掘数据、创新业务，将业务拓展至金融界，由此产生互联网金融模式。

互联网金融是传统金融机构与互联网企业利用互联网技术和信息通信技术实现资金融通、支付、投资和信息中介服务的新型金融业务模式。互联网金融的主要业态包括互联网支付、网络借贷、股权众筹融资、互联网基金销售、互联网保险、互联网信托和互联网消费金融等。

随着互联网技术的快速发展，互联网企业不仅没有将发展的目光留在自身业务上，而且没有仅仅停滞在为金融机构输送技术支持和提供技术服务的层面上，而是对长期累积下来的数据信息进行总结、分析，应用在金融业务中，创新出互联网金融模式，这也成为互联网技术与金融资本相结合的一个全新领域。

二、互联网金融的特征

（一）透明化

在传统金融模式下，金融机构为获得拟投资企业有关经营状况的信息，需要投入大量的成本建立一个评估拟投资企业的部门，派出一个项目小组对拟投资企业进行考察，同时结合大量的真实数据和推测的政策导向，才能出具相关的可行性报告。这一过程可能会持续相当长的时间，耗费相当高的成本。在互联网金融模式下，任何企业或个人的信息都会与其他主体发生联系。移动互联技术又使得金融产品可以随时随地交易。交易双方借助互联网搜索自己需要的各种信息，这样能够比较全面地了解一家企业或个人的财力和信用情况，从而降低交易双方的信息不对称程度。当贷款对象发生违约时，互联网企业则可以通过公开违约情况和降低评级信息等方式，增加贷款对象的违约成本，从这一角度对贷款者形成制约。

（二）去中介化

在原有的金融模式下，资金需求者或持有好的项目但无法取得银行的信赖与支持，或并没有好的项目却能满足银行的借款条件。作为资金供给方的传统银行业，在这样的情形下更倾向于将资金借贷给那些大型的、有国家作保的国有企业，或者处于经济繁荣时期的行业，比如房地产业，即使有的企业老旧、固化、收益率不高，即使有些行业可能存在"过热"的可能，但这样做可以保证银行拥有较低的不良贷款率。互联网金融机构则更多的是基于互联网的信息对称性，使得中介机构作为一个互联网平台的角色出现，通过互联网和移动互联网的方式将社会上闲散的、碎片化的资金收集起来，使传统观念里神秘的金融业务平民化。

（三）移动化

随着智能手机的普及和二维码支付市场的爆发，消费者从 PC 端向移动端的迁移速度加快。从第三方移动支付交易规模的结构分布来看，移动金融和移动消费呈现增长势头。

（四）覆盖广与发展快

在我国，互联网金融的发展主要以互联网的发展为基础，同时依靠电子商务平台的快速覆盖。网络将自身的特点赋予到互联网金融上，使其可以对全球进行有效的覆盖，打破传统的地域限制，并且突破时间上的约束。金融与互联网结合，可以扩大其业务覆盖范围，拓展更多的客户。

（五）成本低与效率高

互联网金融的另一个特征就是在降低交易成本的同时提高了效率。互联网金融业务操作流程趋于规范化、标准化，所有的业务都在计算机或智能手机上进行，客户不需要去银行网点排队等候，降低了时间成本。除此之外，计算机在业务处理上效率更高，可以使客户体验得到改善，提升满意度。

（六）管理弱与风险大

虽然互联网金融平台可以通过大数据来进行客户的信用调查，但没有与中国人民银行征信系统进行对接，大量的数据信息不能够共享。与传统商业银行相比，互联网金融的风险控制能力还不足，因此，加强互联网金融企业的风险控制能力是今后工作的重点。此外，互联网金融在我国的发展时间还不长，缺乏必要的行业规范和法律监督，互联网金融面临着法律风险和政策风险。

三、互联网金融的模式

互联网金融作为一种新型的金融模式，其兴起与发展降低了市场的信息不对称程度，通过实现资金供需双方的网络直接对接，大大降低了交易成本。互联网金融主要有第三方支付、P2P 网络贷款、众筹、互联网货币、互联网金融门户、互联网银行、互联网证券、互联网保险等模式。

（一）第三方支付

20世纪90年代后期，我国银行系统开始逐步开展网上银行业务，并开通了网银支付业务，但问题也随之而来。对于网络商家而言，网银支付的便利度显得不足，网络商家若想简化其客户的支付流程，需要与多家商业银行达成支付结算协议，而中小企业不具备这样的谈判能力，这便导致它们的用户体验较差，从而影响其发展。第三方支付解决了上述问题。所谓第三方支付，是指非金融机构在收付款人之间作为中介机构提供下列部分或全部资金转移服务：网络支付、预付卡的发行与受理、银行卡收单等中国人民银行确定的其他支付服务。

第三方支付极大地促进了支付体系与互联网的融合，并已成为金融体系基础设施的重要组成部分。从支付便利性角度看，商户只要与第三方支付达成支付结算协议，并在第三方支付企业开设结算账户，就可以解决与众多银行网银支付体系的对接。从这个意义上说，第三方支付机构事实上承包了电子商务卖家与各个商业银行分别进行结算的环节。此外，在开展电子商务过程中，买家与卖家之间缺少一种保障机制。为保障买卖双方的利益，第三方支付出面，作为交易的中间人，保障交易的顺利进行。支付宝、快钱等第三方支付机构都是典型的代表。在第三方支付体系中，第三方支付利用了买家付款与卖家收款的时间差，或者第三方支付机构专门设置一定的时间差，对买家的资金进行监管，在买家收到卖家交付的产品后，第三方支付机构再将款项划转至卖家的账户。

根据《非银行支付机构网络支付业务管理办法》中的规定，第三方支付机构是指依法取得《支付业务许可证》，获准办理互联网支付、移动电话支付、固定电话支付、数字电视支付等网络支付业务的非银行机构。

（二）P2P网络贷款

P2P网络贷款是指通过第三方互联网平台进行资金借、贷双方的匹配，网站平台帮助需要借贷的人群寻找到有出借能力并且愿意基于一定条件出借的人群，既帮助了贷款人通过和其他贷款人一起分担一笔借款额度来分散风险，也帮助了借款人在充分比较的信息中选择有吸引力的利率条件。P2P平台的盈利主要来源于向借款人收取一次性费用及向投资者收取评估和管理费用。P2P贷款的利率确定，或者由放贷人竞标确定，或者由平台根据借款人的信誉情况和银行的利率水平提供参考利率来确定。

由于P2P网络贷款平台没有准入门槛，也不存在行业标准及相应的监管机构，因此对P2P网络贷款平台尚无严格意义上的概念界定，其运营模式也未完全定型。目前已经存在的模式有两种：一种是纯线上模式，此类模式典型的特点是资金借贷活动完全通过线上进行，不结合线下的审核，通常，此类平台采取的审核借款人资质的措施包括视频认证、查看银行流水账单、身份认证等；另一种是线上线下相结合的模式，此类模式的特点是借款人在线上提交借款申请后，平台通过所在城市的代理商采取入户调查的方式审核借款人的资信、还款能力等情况。从P2P的特点来看，其在一定程度上降低了市场信息不对称程度，对利率市场化起到了一定的推动作用。由于参与门槛低、渠道成本低,因此在一定程度上也拓展了社会的融资渠道。P2P 针对的主要客户群是小微企业及普通个人用户。

（三）众筹

众筹主要是指通过互联网形式进行公开小额融资的活动。众筹的目的是融资,但与传统融资方式以货币回报为主不同的是,众筹往往会以感谢、实物、作品、消费券、股权等作为回报。

目前,国内主要的众筹平台大致可分为非股权众筹和股权众筹。非股权众筹网站包括点名时间、追梦网、众筹网等,此类网站往往以文化影视及创意作品作为众筹的项目,而回报往往是观影权或者创意作品的分享权利等。股权众筹网站包括天使汇、大家投、人人投等,对于此类网站的创业项目,投资人往往需要以股权方式投入,并在未来获取公司发展、增值所带来的回报。

我国金融机构对于创业、创新项目所创设的金融产品有限,传统金融给予此类项目的支持不够。而众筹的优势在于能够吸收社会闲散的小额资金,支持和帮助孵化创业项目、创新项目,从而给项目发起人提供成功的机会。然而,众筹在发展的同时,也面临定位不清晰、监管不到位等问题。众筹的发展势头迅猛、潜力巨大,但其商业模式也仍在探索阶段。

（四）互联网货币

互联网货币又可以称为虚拟货币,是指随着电子信息技术、互联网技术和电子商务的发展而出现的以不通过金融机构发行、以数字形式存在、通过网络流通转移、具有购买力的虚拟兑换工具。最典型的代表是比特币。

比特币是一种"电子货币",由计算机生成的一串串复杂代码组成,新比特币通过预设的程序制造,随着比特币总量的增加,新币制造的速度减慢,预计到 2140 年,将达到 2100 万个的总量上限。和法定货币相比,比特币并没有固定的发行方,而是由网络节点的计算产生。也就是说,任何人都有可能参与制造比特币,而且制造的比特币可以全世界流通,可以在任意一台接入互联网的计算机上买卖。不管身处何方,任何人都可以挖掘、购买、出售或收取比特币,并且在交易过程中外人无法辨别用户信息。

互联网货币风险较高,各国对持币态度均较谨慎。美国对比特币持观望态度,暂不干预和监管;欧盟对比特币没有法规规定;中国规定比特币不具有货币的地位,不可流通且各金融机构和支付机构不能开展相关业务。

（五）互联网金融门户

互联网金融门户是指利用互联网提供金融产品、金融信息服务和进行金融产品销售,并为金融产品销售提供第三方服务的平台。

根据相关互联网金融门户平台的服务内容及服务方式不同,互联网金融门户可被分为第三方咨询平台、垂直搜索平台以及在线金融超市三大类。第三方咨询平台是为客户提供全面、权威的金融行业数据及行业资讯的门户网站,典型代表有网贷之家、和讯网以及网贷天眼等。垂直搜索平台是聚焦于相关金融产品的垂直搜索门户。垂直搜索是针对某一特定行业的专业化搜索,在对某些专业信息进行提取、整合以及处理后反馈给客户。客户在该类门户上可以快速地搜索到相关的金融产品信息。互联网金融垂直搜索平台通过提供信息的双向选择,有效降低了信息不对称程度,典型代表有融360、好贷网、安贷客、大家保以及国外的 Ehealthinsurance、Insurancehotline 等。在线金融超市汇聚了大量的金融产品,提供在线导购及购买匹配,在利用互联网进行金融产品销售的基础上,还提供与之相关的第三方专业中介服务。该类门户在一定程度上充当了金融中介的角色,通过提供导购及中介服务,解决服务不对称的问题,典型代表有大童网、格上理财、91金融超市以及软交所科技金融服务平台等。

此外,互联网金融门户又可以根据汇集的金融产品、金融信息的种类不同,细分为P2P网贷类门户、信贷类门户、保险类门户、理财类门户以及综合类门户五个子类。其中,前四类互联网金融门户主要聚焦于单一类别的金融产品及信息,而第五类互联网金融门户则致力于金融产品、信息的多元化,汇聚不同种类的金融产品或信息。

（六）互联网银行

互联网银行是指借助现代数字通信、互联网、移动通信及物联网技术,通过云计算、大数据等方式在线为客户提供存款、贷款、支付、结算、汇转、电子票证、电子信用、账户管理、货币互换、P2P金融、投资理财、金融信息等全方位、无缝、快捷、安全和高效的互联网金融服务机构。

互联网银行的概念是由互联网银行的创始人林立人率先提出。互联网银行是对传统银行的颠覆性变革,换句话说,互联网银行将传统银行完全搬到互联网上,并实现了传统银行的所有业务。与传统银行相比,互联网银行没有分行,并通过互联网技术实现了超越时间约束和空间限制,使得互联网银行真正实现了"AAA"式服务,即在任何时间、任何地点,以任何方式为用户开展相关业务和服务。

除此之外,与传统银行不同的是,互联网银行以客户体验为中心,将互联网精神融入金融行业中,提供更加标准、多样、个性化的服务,更准确、更规范地避免了在传统银行营业点因个人素质和情绪状态不同而带来的服务满意程度的差异。

（七）互联网证券

互联网证券并不是简单地将传统证券公司的业务线上化,而是在互联网和电子商务条件下证券业务的创新,为网络用户提供一种全新的商业模式,其中包括证券资讯的发布、证券投资顾问、股票网上发行、在线证券交易等多种投资理财服务。

根据我国对证券行业的相关监管条例等,当前互联网证券可以开展的业务范畴和服务内容主要包括六个方面:一是网络开户和交易,这种业务使得证券交易更大程度地向移动终端进行转移;二是网络证券投资顾问,证券公司借助互联网平台可以拓宽其营销和服务渠道,使用互联网向用户发布相关的证券资讯和投资建议;三是在线金融产品的销售,券商利用大数据、云计算技术，通过互联网评估用户的风险偏好，为用户提供满足其个性化需求的金融产品，在很大程度上提高了用户体验；四是网上支付，互联网证券通过与第三方支付合作，使得用户只需通过互联网就可以购买相关金融产品，但是这种业务目前只在个别的券商进行试点；五是网络营销，券商通过社交媒体，如微博、微信等方式向用户提供即时信息，可以充分挖掘潜在的目标客户，拓宽其营销渠道；六是在线发行证券，即通过互联网直接公开发行证券募集资金，而不是通常的投资银行路演和询价方式。

（八）互联网保险

互联网保险不仅仅是互联网与传统保险简单结合的线下产品网上销售，而是传统保险与互联网技术、互联网精神的结合。在互联网时代的大背景下，产品设计的场景化、营销方式的社交化成为互联网保险发展的新趋势。互联网保险与传统保险的经营模式差异较大，其营销方式引入社交功能，投保过程嵌入网络场景，产品开发迎合消费习惯，将更能体现消费者需求，提高用户的重复购买率。

此外，在大数据时代，技术的革新使海量数据的采集和处理成为可能，利用大数据技术，不仅可以帮助计算意外事件的发生概率，使其更接近实际概率，有利于保险公司精算师计算产品的收益率和产品定价；还可以帮助保险业精准营销，按照客户需要设计、推荐个性化的产品。未来互联网保险业将更重视大数据技术、数据分析等在本行业的应用。与此同时，在未来，互联网保险将结合互联网技术的优势，积极探索 O2O、B2B、B2C、C2B 各种模式创新，与现有的盈利模式形成互补。

（九）其他互联网金融业态

除前面介绍的几种互联网金融业态之外，还包括互联网基金、互联网信托和互联网消费金融这几类互联网金融业态。

互联网基金又可分为狭义的互联网基金和广义的互联网基金。狭义的互联网基金是指通过互联网等电子工具，实现基金的申购、赎回、营销、服务、信息安全等基金所需的常规业务活动。而广义的互联网基金则是指基金公司通过互联网平台实现的直接借贷。

目前我国的基金业已经由互联网货币市场基金主导。由于目前我国较为流行的多种互联网基金的预期年回报率一般都为 3%～6%，远远高于我国央行所设定的 0.35% 的活期存款利率，因此，互联网基金不断吸引了越来越多的投资者。

此外，《关于促进互联网金融健康发展的指导意见》中专门提出了互联网信托的概念。互联网信托是指通过互联网平台进行的信用委托，即通过互联网实现个人和企业之间的投融资，为信托业之后发展互联网相关业务提供了十分宝贵的制度供给。与此同时，信托业也在互联网信托方向上迅速开展了人才招聘。根据相关统计，仅在《关于促进互联网金融健康发展的指导意见》下发不足一个月时间内，至少有 6 家信托公司已经开始招聘互联网信托方面的相关人才，主要涉及互联网技术岗位和产品研发岗位，部分信托公司已经完成互联网信托产品的初步设计。目前信托已经发展成为金融行业的第二子行业，所以在互联网金融蓬勃发展的背景下,信托业发展互联网金融已经成为必然的趋势。

互联网消费金融是将传统的消费金融实现了线上化,通过"线下+线上"的方式来为居民个人提供以消费为目的的贷款,这是传统的消费金融在互联网金融大背景下的又一实践创新。目前,互联网消费金融业务的进一步发展主要受制于个人征信数据的缺乏。征信数据的缺乏不仅使个人消费贷款业务违约率随业务的深入拓展而加大,也使互联网消费金融平台所承担的风险增大。从这个角度看,大数据与征信或将成为互联网消费金融厂商竞争的重点。

第三节　互联网金融的理论基础

一、产业经济学与互联网金融

(一)互联网金融中的规模经济与范围经济

规模经济和范围经济是产业经济学的两大重要概念。规模经济分为"供方规模经济"和"需方规模经济",分别指同一供方内部成本随规模扩大而下降,需方所获价值随规模扩大而上升。范围经济是指同一供方内部品种越多,成本越低。

互联网金融表现出明显的规模经济和范围经济。供方规模经济与互联网的对接,使信息、知识、技术等要素超越传统经济中居于首位的资本与劳动力要素,打破了边际成本递增、边际收益递减的传统经济学规律。这些信息经济时代的新要素能够零成本地复制与应用,随着其投入的增加,产出增加,供方的成本与收益就分别呈现出递减与递增态势。标准化是实现规模经济的前提条件,否则互联网金融服务就需支付与传统金融服务相当的高单位成本。在互联网上开展保险销售业务是供方规模经济的典型案例。互联网保险销售平台不受货架和仓储的物力限制,成本主要有平台建设投入和宣传费用,投入运营后,依托计算机系统推行自助业务办理,打通标准化产品生产与流通通道,实现"批量化生产"和"程序化服务",边际成本很低,在客户人数增加的同时不断摊薄刚性成本,并通过动态交易产生大量集成资产,形成供方规模经济,进一步提高盈利能力。

需方规模经济存在于市场主体的外部。余额宝等互联网货币基金显示出了较强的需方规模经济特性。余额宝问世初期价值并未凸显,所对应货币基金的客户数量较少;随后,其较高的收益吸引客户不断集聚,使边际成本递减的同时也加强了效益示范作用,越来越多的人发现其值得购买。客户数量和产品价值因"正反馈效益"相互助长。当客户数量到达临界值后,该类经济的规模迎来爆发式增长,价值的增长速度变得非常惊人。网络价值以用户数平方的速度增长,从需方整体角度来看,边际效用递增。

范围经济在互联网金融领域有着众多的体现,如在股权众筹领域,众筹平台新增单个融资方的边际成本很低，融资方越多，吸引的投资者越多，平台成本协同节约能力也就越高。又如，第三方支付平台嫁接了手机话费充值、信用卡还款、公用事业缴费、保险理财、日常生活服务等多元化业务，能吸引更多客户、增加客户黏性，同时，只要妥善解决技术兼容性和安全问题，就能将业务叠加所带来的额外成本控制在较低水平，使平台收入增加。

（二）互联网金融中的长尾经济

长尾理论论述的是利用成本优势打开大量利基市场，其共同市场份额可能等于或超过主流场频的市场份额。长尾经济与范围经济都注重品种的增多和降低协同成本，但就整个市场而言，前者包含大量冷门需求，后者则是同一企业内部的长尾经济，且限于增加相对热门的品种。

互联网金融居于金融产业的长尾之上，催生出一系列充分满足"普惠金融"需求的产品和服务，提升了金融的便捷性、平等性和开放性。互联网货币基金增加了小额、零散的投资机会，提供了"零门槛"的投资途径，从而开发了那些对手续简便度、额度灵活度十分敏感的尾部客户。互联网微贷公司凭借信息处理优势，全流程、高效率、低成本地把控借款人的信用水平，使微贷业务规模化成为可能，并设置灵活的期限与额度政策，服务人性化、个性化，迅速释放了大量小微借款甚至碎片化借款的尾部需求，探索出了一条改善传统金融信贷体系信贷配给困难的新途径。

互联网金融的成本优势是其延伸长尾的基础。降低成本的终极办法就是用可以无限复制和传播的字节处理一切。传统银行应用互联网平台打造直销银行，摆脱了物理网点与运输仓储，突破了时空限制，简化了业务流程，减少了基层人员数量，从而改变边际成本——效益关系，而节省下来的成本以更具吸引力的存款利率和服务费率等形式回馈客户，从而吸引新的客户群体——习惯运用互联网、收入较高、追求简便高效的群体，并进一步增加黏性。

二、信息经济学与互联网金融

起源于20世纪60年代的信息经济学以信息不对称为起点，逐渐形成了包括逆向选择与信号传递、委托—代理理论与激励机制设计、价格离散理论与信息搜寻理论等内容在内的庞杂的学科体系。如今，信息经济学在互联网金融的实务中得到了新的延伸。

（一）互联网金融中的信息不对称理论

互联网金融与传统金融最大的区别在信息处理方面，信息成为金融行业最重要的资源，改变了产业价值链。凭借信息处理优势，互联网微贷正在探索一种解决借贷前后两大信息不对称问题的全新路径。"阿里小贷"基于卖家自愿提供的基本信息以及阿里系电商平台十几年来数亿笔交易记录所形成的类目庞杂、更新频繁的数据库，自建信用信息体系，信息系统的固定投入较高，但一旦开始使用，运行成本较低。在贷前，从数据库提取数据，导入信用评估模型，并引入交叉检验技术，将隐性的"软信息"转变为显性的"硬信息"，提高了信用水平甄别的精确度；在贷中，分散、无序的信息形成了动态、连续的信息序列，以趋于零的边际成本给出任何借款人处于动态变化中的动态违约概率及风险定价，为远程监测、实时预警提供了可能；在贷后，电商平台和小贷系统设有严格的曝光、禁入等违约惩戒措施，从而减少机会主义倾向。

P2P 网贷也是互联网时代突破传统借贷瓶颈的一大创新。P2P 平台根据借款人上传的身份信息和证明材料进行信用初评，信用初评结果随着其借款成功次数、逾期率、逾期天数等信用记录的改变而动态调整。在贷前，贷款人通过观察公开的借款人信用评价结果、信用记录、该笔借款特征、借款人的人口统计学特征等"硬信息"来做贷款决策，并可利用互联网社交网络掌握更多"软信息"，使 P2P 借贷的逆向选择风险得到一定程度的遏制。在贷后，P2P 平台及业内有关第三方组织的"黑名单"和"曝光栏"能及时警示失信的借款人情况，较为有效地防止道德风险再次发生。

（二）互联网金融中的搜寻理论

搜寻行为之所以存在，广义原因是信息不对称所导致的"搜索前置"，狭义原因是"价格离散"，即信息在交易双方之间的非均衡分布所引发的同地区、同质量产品的价格差异，信息搜寻因此才有利可图，专业化信息服务机构才得以产生。搜寻成本影响着定价和价格离散程度，搜寻成本越高，价格竞争越弱，离散程度越高，搜寻所获收益就越大。目前，互联网信息搜寻效率已达较高水平。互联网使信息在市场中呈现均衡分布，成本与价格的透明度被提高，从而使网上商品价格也趋于收敛。与传统金融市场相比，若互联网金融市场搜寻成本的降幅不大，就会失去发展后劲。

以货币基金市场为例，传统市场上搜寻成本较高，信息扭曲严重，寻找高口碑供方的难度较大，只要低口碑供方有可能凭借降价（即降低利差或手续费）来弥补口碑劣势，高口碑供方受到建立、维护、宣传口碑的成本限制，就不可能占据全部市场，因此会出现高口碑供方的产品价格和市场份额较高、低口碑供方的产品价格和市场份额较低的均衡，价格竞争较弱，离散程度较高。而在互联网市场上，搜寻成本大大降低，高口碑供方更容易被需方选择，供方群体内部将加强价格竞争，均衡时的价格离散程度发生改变；低口碑供方不得不进一步降价，最终可能因产品价格低于成本而难以生存，市场结构发生质变，促成"良币驱逐劣币"的局面。

（三）互联网金融中的声誉机制

声誉机制也称为 KMRW 模型，建立在信息经济学、博弈论基础之上，证明参与人对其他参与人支付函数或战略空间的不完全信息对均衡结果有重要影响。

只要博弈重复的次数足够多，合作行为在有限次重复博弈中就会出现。该理论解释了当进行多阶段博弈时，声誉机制会起到很大的作用，上一阶段的声誉往往影响到下一阶段及以后阶段的收益，现阶段良好的声誉意味着未来阶段较高的收益。

不少学者乐于分析声誉机制在借贷市场上发挥的作用。在 P2P 网贷市场上，借款人的借款记录和还款记录是其"声誉"的主要构成因素。现实中存在借款人凭借小额借款建立"好声誉"后再行诈骗,一旦留下失信记录后伪造身份信息重新"入场"的现象,因此针对 P2P 借款人的声誉机制要想真正生效,必须满足两个基本条件:一是信息高效率、低成本地传播,确保借款人不良声誉被及时披露和识别,促成集体惩罚;二是信息真实、完整,通过建立 P2P 信用信息共享系统、接入我国正式的征信系统,使来自各个 P2P 平台的借款人信息互相补充和校验,构建网上统一联防机制,从而最大限度地提高信息造假的成本、降低信息甄别的难度,切实保障 P2P 贷款人的合法权益。

三、金融中介理论与互联网金融

(一)金融中介理论概述

金融中介理论是建立在交易成本和信息不对称基础上的,金融中介的出现能够降低不确定性、交易成本和信息不对称程度。

市场上存在着交易成本和信息不对称,而金融中介可以利用其借贷中规模经济的特点,降低初级证券投资活动中的单位成本。如果没有交易成本、信息成本及市场摩擦性的存在,也就不会有金融中介的存在,而金融中介利用技术上的规模经济和范围经济,将分散的个体交易集合起来,节约交易场所、机器设备、人工费用等方面的投入,以降低交易成本。由于跨期交易往往存在不确定性,银行等金融机构既可以为家庭提供防范消费需求遭遇意外流动性冲击的手段,也可通过向投资者提供存款安排而平滑市场风险,进而改善资源配置,提高市场交易效率。

通常将融资方式分为两种:一是通过商业银行等金融中介的间接融资方式;二是通过金融市场的直接融资方式。根据金融中介理论,金融中介是将资金从盈余者转移到需求者的企业,属于间接融资方式。传统的金融中介如商业银行,在提供支付中介、投融资中介服务的同时,还开发了更为复杂的金融产品,例如,具有稳定投资回报的理财产品。由于中介还同时发挥了价值创造、降低参与成本及风险管理功能,因此,进一步加深了投资者对于金融中介的依赖,提升了其在金融交易市场上的重要性。

技术的进步和金融产品的创新,降低了交易成本和信息不对称程度,伴随着金融市场的逐渐开放,促进了直接融资市场的快速发展。全球通货膨胀的出现以及对银行体系的利率和业务管制,也使得银行体系提供的服务不能满足客户日益增长的高收益和风险管理的需要,"金融脱媒"[①]的浪潮在金融中介与金融市场竞争的过程中出现,也使得金融中介的资金来源快速减少,金融中介的重要性开始逐步减弱。

(二)互联网金融对金融中介机构的影响

互联网金融的诞生加速了"金融传媒"的进程,互联网金融以大数据、云计算等信息技术为支撑,并且依托移动支付、社交网络突破了时间和空间限制,简化了金融交易的流程,并且

---

① "金融传媒"指在金融管制中,资金供给绕开商业银行体系,直接传送给需求方和融资者,完成资金的体外循环。

降低了成本,提高了效率和服务水平,因此,互联网金融在短时间内赢得了广泛受众的欢迎,取得了快速的发展。

互联网金融模式中,第三方支付与微众金融需求结合,为商家和消费者提供支付服务,主要影响了传统金融中介机构的支付功能。第三方支付能够为用户提供便捷的服务,并且相较于传统金融中介机构,其开展和维护业务的成本更低。随着第三方支付的逐渐发展壮大,其业务范围将逐步扩大,并实现从线上向线下的扩展,对传统金融中介机构,尤其是商业银行的业务发展产生威胁。

互联网融资平台(如 P2P、众筹)主要影响了传统金融中介机构的融资功能。P2P 网络借贷通过第三方互联网平台进行资金借贷双方的匹配,有资金需求的人通过网站寻找有出借能力的资金提供者。作为一种基于互联网的债务融资方式,其替代了资金融通过程中银行的中介地位。众筹则是互联网金融的应用模式,其募资形式类似于团购,以预约的形式向公众募集资金,采用一对多的形式,多个投资人通过不等的金额投资一个项目,并获得回报。众筹模式作为一种直接融资模式,无须经过金融中介,主要影响了商业银行在小额直接融资市场上发挥的中介作用。

在互联网浪潮的推动下,互联网金融的诞生丰富了金融市场体系,互联网金融在一定程度上改变了原来的金融体系,以高效率执行金融交易,影响着银行等传统金融中介职能的发挥。互联网金融是互联网时代背景下金融中介理论的实践,进一步丰富和延伸了金融中介理论。

第四节　互联网金融与传统金融

一、互联网金融与传统金融的区别

互联网金融与传统金融的区别主要表现在以下几个方面。

(一)参与者方面

传统金融模式中,除股票等直接投资方式以外的所有投融资活动都以商业银行为中心展开,商业银行作为金融中介,在间接融资过程中发挥重要作用。因此,传统金融模式的参与者包括投资者、银行和融资者。

互联网金融的发展加速了"金融脱媒"的进程,以银行为主导的经济格局受到了挑战。资本市场上,直接融资取代了间接融资,通过互联网金融平台,参与者(投融资方)直接实现了资金对接,参与者可以只包括投资者和融资者。

(二)服务对象与理念方面

传统金融服务的对象以大中型企业和高收入群体为主,对不同类型的客户提供"差异化"服务。

互联网金融在服务的过程中秉承着"开放、自由、平等、分享"的互联网精神,服务的对象包括小微企业和普通大众群体,为所有客户提供需要的服务。

（三）渠道和平台方面

传统金融模式提供的渠道和平台以线下网点为主,辅以网络金融的服务渠道,大部分的业务要求消费者到金融机构网点进行实体操作。

互联网金融为每一位用户提供包括电子商务平台、移动互联网平台在内的自主化财富管理渠道,跨越了时间和空间的限制,实现了足不出户的财富管理目标,大大降低了理财成本,方便了群众的投资理财。

（四）支付和结算方面

传统金融机构利用现金、票据和信用卡等传统的支付工具进行支付,依靠银联及相关的金融系统完成支付和结算的整个流程。

互联网金融模式的支付方式以第三方支付和移动支付为主。互联网金融模式下的支付方式具有方便快捷、费用低廉、可移动性等优势。一方面,解决了小额支付下产生的贷款转账不便的问题;另一方面,也大大降低了由于信息不对称所导致的互联网交易的欺诈风险,充分保障了消费者的合法权益,促进了支付行业的健康发展。

（五）信用风险和征信体系方面

在征信方面,传统金融主要依靠中国人民银行的征信系统,由于中国人民银行的征信系统统计的指标均是商业银行信贷业务审核的重要信息,所以商业银行信贷业务的开展对中国人民银行的征信体系有着较强的依赖性。同时,传统金融模式下信贷信息的收集与审核易受到人为的影响和控制,而且在实际生活中能获取的数据信息有限,所以传统金融在信贷风险的评估方面受到较大的限制。

（六）信息处理和运行成本方面

传统金融模式下,开展金融业务时往往需要通过大量的人力、物力以及营业网点进行支撑,在设置网点、维护设备、职工薪资等方面都需要大量的费用。例如,在开展信贷业务时,传统金融机构获取投资企业的信息成本较高,通常需要花费较高的人力、物力以及时间成本进行考察和审核,由于缺乏有效的信息处理工具,在获得信息后,处理信用信息也需要花费较多的时间和精力,同时还无法避免受到人为主观因素的影响,增加信贷风险。

与传统金融相比,互联网金融企业的成本主要集中在大数据的开发与维护、平台的研发与创新以及产品创新上,节省了大量不必要的开支,节约了人力以及时间成本,提高了企业的竞争力。例如,在开展信贷业务时,互联网企业利用搜索引擎进行信贷审查,通过搜索引擎对数据进行有效筛选和组织,迅速找到目标信息,节省决策时间。

二、互联网金融对传统金融的影响和挑战

（一）互联网金融对传统金融的影响

互联网金融创新对盘活社会资金、加速金融创新和金融机构变革、缓解小微企业融资难问题提供了契机。

1. 有助于盘活社会资金

互联网金融的发展有助于扩大社会融资规模，提高直接融资比重，盘活社会资金，服务实体经济发展。一是互联网金融大大降低了普通居民进入投资领域的门槛，通过积少成多形成规模效应，撬动更多社会资金。如绝大多数银行理财产品起步资金都在万元以上，而余额宝一元起即可购买，有助于吸引以百元和千元为单位的社会闲散资金大量进入。二是互联网金融可以依托资产证券化等手段盘活资产，实现资金快速循环投放。如阿里金融与东方证券合作推出的"东证资管 阿里巴巴专项资产管理计划"，使得阿里小贷能够迅速回笼资金，盘活小额贷款资产，提高资金使用效率。

2. 有助于加速金融创新

互联网金融打通了交易参与各方的对接通道，提供了不同类型金融业态融合发展的统一平台，有助于加快金融机构创新、金融模式创新和金融产品创新。一是互联网与金融的融合发展将重构当前的金融生态体系，新金融机构、泛金融机构、准金融机构等非传统金融机构将不断兴起，集成创新、交叉创新等创新型金融形态将不断涌现。近年来，支付宝、人人贷、阿里小贷、众安在线的出现和发展即为例证。二是在互联网金融的快速冲击下，金融机构既有的盈利模式、销售模式、服务模式和管理模式已经难以为继，倒逼其推动金融模式转型和创新。三是随着信息技术、社交网络技术、金融技术的不断突破，大量基于消费者和小微企业的个性化、差异化、碎片化需求的金融产品由理论变为现实，将大大丰富现有的金融产品序列和种类。

3. 有助于加快传统金融机构变革

互联网金融改变了传统金融机构的资源配置主导、定价强势地位和物理渠道优势，倒逼传统金融机构加快价值理念、业务模式、组织架构、业务流程的全方位变革。一是促进传统金融机构价值理念变革，摒弃以往过于强调安全、稳定、风险、成本的价值主张，更加注重无缝、快捷、交互、参与的客户体验和客户关系管理，真正做到以客户为中心、以市场为导向。二是促进传统金融机构业务模式变革，改变以息差作为主要收入来源的传统盈利模式，通过产品创新和提供综合增值服务构建新盈利模式。三是促进传统金融机构组织架构和业务流程再造，加快组织的扁平化、网络化和流程的简捷化、去审批化，从而提高组织效率，快速响应客户需求。

4. 有助于缓解小微企业融资难问题

互联网金融很大程度上解决了信息不对称引发的逆向选择和道德风险问题，有利于增

强金融机构服务小微企业的内生动力,有效缓解小微企业融资难、融资贵、融资无门的问题。一是互联网金融依靠先进的搜索技术、数据挖掘技术和风险管理技术,大幅降低了小微企业的准入成本和融资成本。二是互联网金融的运营特点与小微企业的融资需求具有很强的匹配度。如 P2P 网络贷款服务平台贷款门槛低、覆盖面广、交易灵活、操作便捷、借款金额小、期限短,可以为小微企业提供"量身定制"的金融服务。三是互联网金融引致的激烈市场竞争将推动银行等传统金融机构重新配置金融资源,使大量小微企业得到更多信贷支持。

(二)互联网金融对传统金融的挑战

1. 对金融理念的挑战

基于搜索引擎、大数据、云计算、社交网络等现代信息技术和大数定律、概率统计、数据挖掘等行为分析技术支撑,互联网金融极大地改变了传统的金融理念和思维模式。一是边际交易成本和市场参与门槛大幅降低,信息安全保护和风控制度设计不断健全,使得金融需求端和供给端之间的"点对点"和"多对多"直接交易成为现实,实现了封闭式金融向开放式金融的转变,二是第三方支付等互联网金融机构的发展和虚拟货币的出现,改变了银行作为资金交易和支付中介的传统定位,加速了"金融脱媒"和"去中心化"进程。三是社交网络的发展使得平台化应用变成众享众制众筹模式,移动微博等方式使得信息传播速度呈几何级数增长,"自媒体"成为趋势并带动"自金融"时代到来。四是互联网与金融的融合催生了大量需求驱动型的创新金融产品,普通消费者个性化、多样化、碎片化的融资和理财需求得到极大满足,个人金融服务迅猛发展,传统金融向普惠金融转变的趋势日益明显。

2. 对金融模式的挑战

互联网金融的快速发展,将对传统金融机构现行盈利模式、营销模式、风控模式和组织模式带来很大影响。一是随着利率市场化进程稳步推进和存贷款利率上下限逐步放开,宜信、拍拍贷、人人贷等 P2P 网络贷款服务平台快速发展,将对银行依靠吸存放贷赚取息差为主的盈利模式造成重大冲击,倒逼银行加快转型。二是互联网金融的不断渗透将隔断银行与客户的联系,导致银行客户萎缩和业务流失。由于难以掌握客户交易行为和信用信息,基于客户信息的产品开发、市场营销和交叉销售等运营模式将愈加困难。三是互联网金融以庞大的电商交易和信用记录为基础,通过数据挖掘、社交网络和行为分析进行风险识别、信用评级、系统化审批和纯信用贷款,对传统金融机构以抵押、质押或担保为主的风险控制模式和信用审核模式产生很大的冲击。四是互联网金融依托信息技术和移动网络平台提供即时、快速、便捷的全天候服务,对银行、券商、保险公司等以物理网点和柜台服务为核心的组织架构和服务模式带来深远影响,促进金融机构传统组织架构由线下向线上延伸、由面对面服务向非现场服务转变。

3. 对金融业务的挑战

互联网金融对传统金融机构的业务和功能产生极大的替代效应。一是第三方支付从入口处改变用户支付习惯,冲击银行传统汇款转账业务和增值业务。如支付宝、易宝支付、拉卡拉等可为客户提供收付款、转账汇款、票务代购、电费和保险代缴等结算和支付服务。随着身份认证技术和数字签名技术的发展,移动支付将会更多地用于解决大额支付问题,替代现金、支票、信用卡等银行现有结算支付手段。二是互联网金融为各类金融产品提供扁平化的直销渠道,弱化了银行、券商、保险公司的传统通道业务功能。如余额宝在支付宝账户内嵌基金支付系统,用户既可以购买货币基金产品享受理财收益,又可以随时赎回用于消费支付,对银行传统代销基金业务产生较大冲击。再如,众安在线不设分支机构,完全通过互联网进行保险产品销售和理赔业务。三是随着互联网金融的快速发展,资金、股票、债券、票据、产权、保险、大宗商品等交易方更多通过网上发布信息、磋商谈判、完成交易,给银行、券商、基金公司、保险公司、产权交易中心的存贷款、经纪、资管、投行等业务造成极大冲击。

4. 对金融监管的挑战

一是互联网金融导致不同金融机构之间、金融机构与非金融机构之间的界限趋于模糊,金融业务综合化的发展趋势不断加强,金融工具和融资形式日益多样化、复杂化,风险跨机构、跨市场、跨时空关联和交叉感染的可能性显著上升,金融风险扩散速度加快,在现行"分业经营、分业监管"体制下,金融监管难度大大增加,给金融监管的统一性和协调性带来较大挑战。二是互联网金融交易的虚拟性使金融业务突破了时间和地域的限制,交易对象的广泛性和不确定性使交易过程更加不透明,资金的真实来源和去向很难辨别,大量无纸化交易给监管机构进行稽核审查带来困难。三是互联网金融作为新兴的金融实践,处于互联网、金融、科技以及通信多个行业的交叉领域,现有金融监管法规体系尚无法完全覆盖,明显滞后于互联网金融创新发展,存在一定的监管缺位,不乏个别公司违规经营,大搞线下业务,违规发行理财产品,甚至触碰"非法吸收公众存款"和"非法集资"的底线,风险隐患值得高度关注。四是互联网金融违法犯罪日益增加,利用互联网进行非法活动的案件比例逐年攀升。互联网金融犯罪充分利用互联网"无国界"的特点,大量采用跨国犯罪的形式,加大了金融监管协调和全球犯罪协调成本。

5. 对货币政策有效性的挑战

互联网金融的不断发展使人们的交易和支付方式发生潜移默化的变化。作为一种便捷高效的支付手段,互联网货币提高了资金融通效率,并在一定领域内执行了货币的价值尺度和流通手段职能,代表着货币形态的变化,它改变了货币供给结构,模糊了各层次货币间的界限,进一步加大了货币层次划分的难度。同时,由于互联网货币的发行由互联网服务商自行决定,无对外公开的数据,目前央行还无法准确掌握互联网货币的流通、发行规模等情况,而互联网货币的发行会通过替代流动中的现金和存款、降低存款准备余额,使货币乘数显著增大,增强货币供给的内生性和货币乘数变动的随机性,削弱了中央银行对基础货币的控制能力,增加了中央银行调控货币供给的难度,影响了货币政策的有效性。

6. 对金融消费者权益保护的挑战

互联网金融作为金融模式的创新,其金融交易内在的复杂多样和专业性仍然存在,再与技术密集的互联网行业结合在一起,进一步加大了金融消费者准确理解和掌握互联网产品和服务的难度。而目前我国社会信用体系尚不完善，对于金融消费者教育和网络交易安全性方面的知识普及力度还不够，金融消费者风险防范意识、网络安全意识和自我保护能力较弱。统计显示，有四成网络支付用户针对安全问题没有投入足够的重视，出现安全问题后，有四成消费者不会采取任何补救措施，个人信息泄露、被不法分子以钓鱼网站骗取钱财、被植入木马病毒获取账号密码、支付数据被篡改等风险也日益暴露，金融消费者权益保护工作任重而道远。

第二章　第三方支付

第一节　电子商务与电子支付

一、电子商务的发展

随着互联网以及移动互联网的快速发展,电子商务已成为商品买卖中发展最为迅猛的模式。

电子商务就是通过电信网络进行的生产、营销、销售和流通活动,它不仅指基于 Internet 的交易,而且指所有利用电子信息技术来解决问题、降低成本、增加价值和创造商机的商务活动,包括通过网络实现从原材料查询、采购、产品展示、订购到出品、储运以及电子支付等一系列的贸易活动。

电子商务与传统商业方式相比,具有如下特点。

(一)精简流通环节

电子商务精简或不需要中间批发商、专卖店和商场,客户通过网络直接从厂家订购产品,节省购物时间,增加选择余地。电子商务通过网络为各种消费需求提供广泛的选择余地,可以使客户足不出户便能购买到满意的商品。

(二)加速资金流通

电子商务中的资金周转无须在银行以外的客户、批发商、商场等之间进行,而直接通过网络在银行内部账户上进行,大大加快了资金周转速度,同时减少了商业纠纷。另外,电子商务也可以增强客户和厂商的交流。客户可以通过网络说明自己的需求,订购自己喜欢的产品,厂商则可以很快地了解用户需求,避免生产上的浪费。

(三)刺激企业间的联合和竞争

企业之间可以通过网络了解对手的产品性能与价格以及销售等信息,从而促进企业改造技术,提高产品竞争力。相比传统商业方式,电子商务的优越性显而易见。企业可以通过电子商务增加销售额并降低成本;可以通过网络直接接触世界各地的潜在顾客,从根本上精简商业环节,降低运营成本,提高运营效率,增加企业利润;而且还能随时与遍及各地的贸易伙伴进行交流合作,增强企业间的联合,提高竞争力。

电子商务运作和流程主要包括三个环节——信息流、资金流和物流,它们是促进电子商务发展的关键。作为中间环节的网上支付是电子商务流程中交易双方最为关心的问题。如果这个环节不能解决,那么实现电子商务就成为空谈。网上支付是电子商务得以顺利发展的基础条件,也是电子商务取得如今辉煌成就的有力支撑。

二、电子支付

国内的电子商务客户交易资金的支付清算主要有三种实现模式:一是通过电子商务网站自行办理客户资金支付清算;二是引入第三方支付公司,由支付公司承担资金的保管和支付清算;三是由银行来作为独立的第三方,直接提供电子商务交易资金托管服务,独立承担电子商务的资金支付、清算和保管功能。电子支付是经济社会进入电子化、信息化时代的必然产物,也是现代支付体系中最活跃、最具有发展前景的重要组成部分。近年来,国内电子商务的发展日新月异,极大地推动了电子支付体系的不断完善和持续发展。电子支付的不断完善也为电子商务发展提供了必要的支持和保障,二者形成了明显的良性互动。

(一)电子支付的基本概念

电子支付是指单位、个人(以下简称客户)直接或授权他人通过电子终端发出支付指令,实现货币支付与资金转移的行为。电子支付以网络应用协议规定的格式发出支付指令。电子支付包括网上支付、电话支付、移动支付、销售点终端交易、自动柜员机交易和其他电子支付等类型。

从广义上说,我国电子支付主要包括三层含义,一是电子支付工具,包括银行卡和多用途储值卡等卡基支付工具、电子票据以及最近在电子商务中应用较为广泛的网络虚拟货币等新型支付工具;二是电子支付基础设施或渠道,包括 ATM、POS、手机、电话等自助终端以及互联网、金融专用网等网络;三是电子支付业务处理系统,主要包括已经建成的中国人民银行现代化支付系统以及商业银行的行内业务处理系统等。这三者有机结合,构成了整个电子支付交易形态,从而改变了支付信息和支付业务的处理方式,从最初的面对面支付发展到现在的远程支付,从手工操作到电子化自动处理,从现金、票据等实物支付发展到各类非现金支付工具。

狭义上的电子支付一般仅指电子支付工具以及相应的电子支付渠道,如银行卡交易、网上支付、移动支付等。

(二)电子支付的分类

电子支付服务按照不同的维度可以分为多种类型。

第一,按支付指令发起终端类型,分为计算机支付、固定电话支付、移动终端支付、销售点终端交易、自动柜员机交易和其他终端支付。

第二,按网络应用协议类型,分为超文本传输协议(HTTP)支付、无线应用协议(WAP)支付、计算机话音接口协议(CTI)支付、短信(SMS)支付及其他专用协议支付,其中,通过

HTTP 和 WAP 的支付又统称为网上支付。

第三,按照支付工具,分为银行储蓄账户支付、银行卡支付(借记卡、信用卡)和非银行卡支付(各类点卡、充值卡、积分)等。

第四,按照交易模式,分为 B2C、B2B、C2C 等支付。

第五,按照资金流向,分为收款服务和付款服务。

第六,按照支付方式,分为网关型支付、账户型支付、信用增强型支付、综合平台模式等。

第七,按照商业运作独立性,分为独立第三方支付和非独立第三方支付(依托电子商务平台)。

第八,按照支付指令的传输渠道,分为卡基支付(银行专有网络)、网上支付(互联网)、移动支付(移动通信网络)和电话支付(固定电话网络)等。

卡基支付主要工具包括借记卡、信用卡和储值卡。借记卡是指由商业银行向社会发行的具有消费信用、转账结算、存取现金等全部或部分功能的支付工具,不能透支。信用卡是由银行或信用卡公司向借贷信用良好的个人和机构签发的一种信用凭证,持卡人可在特约商户购物或获得服务。信用卡既是发卡机构发放循环信贷和提供相关服务的凭证,也是持卡人信誉的标志,可以透支。储值卡是持卡人将资金转至卡内储存,交易时直接从卡内扣款的预付钱包式卡。

在典型的网上支付模式中,银行建立支付网关和网上支付系统,为客户提供网上支付服务。网上支付指令在银行后台进行处理,并通过传统支付系统完成跨行交易的清算和结算。在传统的支付系统中,银行是系统的参与者,客户很少主动地参与到系统中;而对于网上支付系统来说,客户成为系统的主动参与者,这从根本上改变了支付系统的结构。

移动支付是指使用移动设备通过短信、HTTP、WAP 或 NFC 等无线方式完成支付行为的一种新型的支付方式。移动支付所使用的移动终端可以是手机、PDA、移动 PC 等。移动支付系统涉及四方:消费者、商户、无线运营商和银行。移动支付系统大致可分为三个部分,即消费者前端消费系统、商户管理系统和无线运营商综合管理系统。消费者前端消费系统可以保证消费者顺利地购买到所需的商品和服务,并可随时查看消费明细账、余额等信息。商户管理系统可以随时查看销售数据以及利润分成情况。无线运营商综合管理系统是手机支付系统中最复杂的部分,包括鉴权系统和计费系统两个重要子系统。该系统既要对消费者的权限、账户进行审核,又要对商户提供的服务和产品进行监督,检查其是否符合所在国家的法律规定。此外,最重要的是,它为利润分成的最终实现提供了技术保证。随着信息技术的飞速发展,电子支付工具具有广阔的发展前景。

电话支付是电子支付的一种线下实现形式,是指消费者使用电话(固定电话、手机、小灵通)或其他类似电话的终端设备,利用 CTI 协议发出指令,通过银行系统就能从个人银行账户里直接完成付款的方式。

三、第三方支付

随着网络信息技术和电子商务的快速发展、金融与 IT 技术的不断融合以及社会分工的日益细化,银行业金融机构的部分支付清算服务已经开始向其他更具技术优势、市场优势的非金融机构转移。特别是在电子商务领域,非传统意义上的金融机构日益发展成为专业化的支付清算服务主体,凭借先进的技术优势和特色的经营方式,提供支付信息的交换、清算等服务,提高了支付服务效率,改善了支付服务质量,逐步发展成为我国支付服务市场的重要补充力量,对于调整支付服务市场结构、优化资源配置、提高支付服务质量等发挥了一定的积极作用,加快了我国电子支付服务市场的发展。

支付清算组织通过建立专门的支付平台连接电子商务中的交易双方、电子商务企业与银行。这类支付清算组织大致分为两类:一类是电子商务企业自身同时充当支付中介,自建支付平台,和银行网关直接连接,最终实现资金转移;另一类是第三方支付清算组织,即由独立于电子商务企业与银行之外的第三方机构提供电子支付平台,专门从事网上支付业务。无论哪种类型,它们都已经成为电子商务活动最直接的支付服务提供者。我国电子商务的快速发展,以及电子支付巨大的需求和市场空间,使得第三方支付服务模式应运而生。

(一)第三方支付的起源

第三方支付源于美国的独立销售组织(independent sales organization, ISO)制度,指收单机构和交易处理商委托 ISO 做中小商户的发展、服务和管理工作的一种机制。企业开展电子商务势必需要接受信用卡支付,因而需要建立自己的商业账户。商业账户是一个以商业为目的接受和处理信用卡订单而建立的特殊账户。收单银行必须是 VISA 或 MasterCard 的成员银行,这类银行需要由 VISA 或 MasterCard 组织认证。收单机构的商户拓展、评估、风险管理、终端租赁、终端维护、客户服务等往往需要借助 ISO 完成,ISO 扮演着商户与收单机构的中介角色。

然而并非所有的网上商户都能够顺利申请到自己的商业账户,特别是一些小企业,例如,那些刚开业的缺少信用并且每月销售额在 1000 美元以下的小企业,开业时间长一些但信用状况不太好的企业,以及非美国的公司或者仅销售内容或服务的公司。这些企业不是在申请商业账户方面存在障碍就是因为 ISO 在小额交易收费较高而难以开展电子商务,因而为第三方支付处理商提供了市场空间。第三方支付处理商可以让商户无须申请商业账户即可接收信用卡,交易是通过第三方服务商的账户处理的。第三方处理商会服务于整个购买的过程。包括购物车、信用卡授权、客户服务和账单查询等。

ISO 和第三方支付处理商的实质都是为网上企业提供支付中间服务,它们的区别主要是收单方式、费用和服务内容不同。ISO 可以服务于拥有商业账户和没有商业账户的企业,但收费种类较多,包括提现费、交易费和月费等;第三方支付处理商主要服务于那些没有商业账户的企业,这些企业往往刚刚成立或者销售量非常少,针对这些企业通常只收取交易处理费,一般按百分比收取。对于销售量较小的企业适合使用第三方支付处理商,而交易量较大的企业适合利用自己的商业账户与收单机构合作。

国内的第三方支付功能类似于美国的 ISO 和第三方支付处理商,主要提供的是多银行网关的接入和支付清算服务,国内最早的第三方支付之一是首信易支付(原首都电子商城网上支付平台),它是国内首家实现跨银行、跨地域提供多种银行卡在线交易的网上支付服务平台。可以支持全国范围 23 家银行 60 余种银行卡及全球范围 4 种国际信用卡在线支付。经过这些年的发展,目前在中国互联网支付领域至少活跃着数十家网络支付公司,且有数量可观的外资金融机构处于观望中。电子商务领域已出现一些第三方支付知名品牌,如首信易支付、银联电子支付、易宝支付、支付宝、微信支付等。

(二)第三方支付的概述

第三方支付指独立于电子商务商户和银行,为商户和消费者(在交易过程中,消费者可能是其他商户)提供支付服务的机构。从我国目前的发展情况来看,电子支付服务机构主要包括中国人民银行清算中心、商业银行和包括银联在内的第三方支付服务商。第三方支付服务商通过和银行、运营商、认证机构等合作,并以银行的支付结算功能为基础,向企业和个人提供个性化的支付清算服务和营销增值服务。

第三方支付分为独立第三方支付和非独立第三方支付。独立第三方支付模式是指第三方支付平台完全独立于电子商务网站,不负有担保功能,仅仅为用户提供支付产品和支付系统解决方案,以快钱、易宝支付、汇付天下、拉卡拉等为典型代表。以易宝支付为例,其最初凭借网关模式立足,针对行业做垂直支付,而后以传统行业的信息化转型为契机,凭借自身对具体行业的深刻理解,量身定制全程电子支付解决方案。非独立第三方支付模式是指以支付宝、财付通为首的依托于自有 B2C、C2C 电子商务网站提供担保功能的第三方支付模式。货款暂由平台托管并由平台通知卖家货款到达、进行发货;在此类支付模式中,买方在电商网站选购商品后,使用第三方支付平台提供的账户进行货款支付,待买方检验物品并进行确认后,就可以通知平台付款给卖家,这时第三方支付平台再将款项转至卖方账户。

所谓"第三方支付平台",就是指由非银行的第三方机构经营的网上支付平台。第三方支付通过其支付平台在消费者、商家和银行之间建立连接,起到信用担保和技术保障的作用,实现从消费者到商家以及金融机构之间的货币支付、现金流转、资金结算等功能。采用第三方支付,既可以约束买卖双方的交易行为,保证交易过程中资金流和物流的正常双向流动,增加网上交易的可信度,同时还可以为商家开展 B2B、B2C、C2C 交易等提供技术支持和其他增值服务。第三方支付平台的盈利模式主要有交易手续费、行业用户资金信贷利息及服务费收入和沉淀资金利息等收入来源。

第三方支付的兴起不可避免地在结算费率及相应的电子货币/虚拟货币领域给银行带来挑战。第三方支付平台与商业银行的关系由最初的完全合作逐步转向了竞争与合作并存。随着第三方支付平台走向支付流程的前端,并逐步涉及基金、保险等个人理财等金融业务,银行的中间业务正在被其不断蚕食。另外，第三方支付公司利用其系统中积累的客户的采购、支付、结算等完整信息，可以以非常低的成本联合相关金融机构为其客户提供优质、便捷的信贷等金融服务。同时，支付公司也开始渗透到信用卡和消费信贷领域。第三方支付企业与商业银行的业务重叠范围不断扩大，逐渐对商业银行形成了一定的竞争关系。未来，当第三方支付企业能够在金融监管进一步放开，其能拥有目前银行独特拥有的"账户"权益时，那么带给银行的就不仅仅是"余额宝"的竞争，而是全方位的行业竞争。

从广义上讲，第三方支付是指非金融机构作为收、付款人的支付中介所提供的网络支付、预付卡、银行卡收单以及中国人民银行确定的其他支付服务。第三方支付已不仅仅局限于最初的互联网支付，而是成为线上线下全面覆盖、应用场景更为丰富的综合支付工具。

央行于2011年首次发放第三方支付牌照，在牌照监管下，第三方支付领域未来更多的是巨头们的竞争，一方面是类似支付宝、快钱、易宝支付等市场化形成的巨头，另一方面是依托自身巨大资源的新浪支付、电信运营商移动支付以及可能的中石化、中石油的支付平台。随着支付行业参与者不断增多，在银行渠道、网关产品以及市场服务等方面的差异性越来越小，支付公司的产品会趋于同质化，这意味着第三方支付企业需要不断寻找新的业务增长点。移动支付、细分行业的深度定制化服务、跨境支付、便民生活服务将成为新的竞争领域，拥有自己独特竞争力及特色渠道资源成为众多第三方支付企业生存及竞争的筹码。

总之，第三方支付市场呈现出运营主体企业多元化、支付形式多样化、支付领域纵深化发展，促进了行业的大融合。大融合主要体现为支付方式的融合、支付账户的融合、服务方式的融合、线上与线下的融合、支付与营销等行业的融合。大融合将为整个第三方支付产业带来更为广阔的发展空间和更加丰富的创新机会，也将促进支付行业差异化竞争格局的形成。未来支付市场的发展定会出现"赢者通吃，强者恒强"的局面。

（三）第三方支付的类型

第三方支付平台的业务范围与服务商获得的支付牌照种类息息相关。第三方支付牌照的种类包括银行卡收单牌照、网络支付牌照、预付卡发行与受理牌照以及中国人民银行确定的其他支付业务。其中，网络支付又具体分为货币汇兑、互联网支付、移动支付、固定电话支付和数字电视支付。

持有收单牌照的公司经营的是销售点终端收单业务，即POS机刷卡业务。银行卡收单业务是指银行和非金融机构等收单机构通过受理终端为特约商户提供的受理银行卡并完成相关资金结算的服务。其中收单服务中的主要参与方是发卡行、收单机构以及银行卡组织（国内是银联独家）。有收单牌照的第三方支付机构通过线下布放POS来替商户收单，第三方支付机构一般是找一个合作的收单银行，对于收单银行自己的持卡人交易，收单银行自己处理；对于其他银行的交易，由合作收单银行转接到银联，由银联转接到其他发卡行处理。

当持卡人通过POS机进行一笔交易，收单业务的参与方会收取一定的手续费，手续费由商家来支付。央行颁布的《特约商户手续费惯例表》中规定了手续费收取标准，收单手续费根据行业不同而变化,变化区间为 0.38% ~ 1.25%。发卡行、收单机构和银联以 7∶2∶1 的比例参与分成。

第二节　第三方支付风险管理

近几年,第三方支付行业迅速发展,但同时风险事故也频发,客户信息泄漏、伪卡欺诈、网络欺诈、套现等网络犯罪案件数量快速攀升,第三方支付业务已成为银行卡犯罪新的高发部位,由于互联网交易的特点,客户维权也比较困难,因此有必要对第三方支付行业的风险进行详细分析与识别。

第三方支付面临的风险主要包括以下几个方面。

一、政策风险

第三方支付同样受到宏观环境的影响,宏观环境有利,则第三方支付承担的金融风险小;宏观环境不利,则第三方支付承担的金融风险大。相比其他宏观影响因素而言,第三方支付作为新兴行业,受政策的影响更为明显。例如,政策支持创新,则第三方支付作为创新的产物,将会获得鼓励和支持;反之,如果以保守政策为主,严格防范网上支付风险,则第三方支付面临风险。第三方支付的发展面临着比其他成熟行业更敏感而不稳定的政策风险。

另外一个需要注意的问题是虚拟货币。依托腾讯公司逐年增长的虚拟货币增值服务与网络游戏,作为互联网增值服务的主要收入实现形式,Q 币已经是中国互联网市场中规模最大的虚拟货币。由于虚拟货币的发行是由互联网服务商自行决定的,其货币发行行为不受监管。目前,虚拟货币可以通过第三方支付平台及其他渠道与实体货币进行双向兑换,也能购买实物商品(除 Q 币之外,新浪的 U 币可在新浪商城中购买商品;百度币已经用于个人 MP3 收费下载;淘金币和天猫积分可直接用于现金抵用购买商品),已经具备了实体货币的职能。而对于实体货币,国家可以通过公开市场操作、贴现、存款准备金等手段或制度调节货币流通量,但对于虚拟货币,其流通量完全取决于发行企业本身,虚拟货币代替人民币成为网上交易的一般等价物,在很多网站都可以和人民币兑换。例如,100 元可以在腾讯官方买到 100 Q 币,但是有人在淘宝上出售 100 Q 币只卖 80 元,而且长期固定,这种行为放到现实的人民币市场就是地地道道的外汇黑市。如果不对虚拟货币的发行进行必要监管,将可能面临与实体货币流通量不当所带来的一样的问题,引发通货膨胀,这样就加大了虚拟货币对实体货币冲击的风险。

当发行虚拟货币的第三方支付企业将出售虚拟货币的资金进行投资,而客户要求赎回虚拟货币时,投资的资产可能无法迅速变现,此时该第三方支付企业又无法以合理的成本迅速增加负债或变现资产,以获得足够的资金来偿还债务,这样,第三方支付企业就会遭受流动性风险。

因为政策具有滞后性，目前对于这种虚拟货币的监管还是一片空白。当这些有着相似属性的金融手段成为投机倒把的安乐窝时，负责中国金融政策的央行也的确有必要正本清源，对专门从事虚拟货币兑换的网站进行监管，严格市场准入。

二、法律风险

无论是国内还是国外，第三方支付平台的法律地位都不是很明确。任何一个第三方支付公司都会尽量称自己为中介方，在用户协议的多处地方避免定位自己是银行和金融机构，试图确立自身是为用户提供网络代收代付的中介地位。由于涉及类似网络交易平台的法律地位，在交易中的法律责任等很多法律问题都没有明确的立法加以规范。

但是我们可以看到，在处理第三方支付业务的整个过程中，第三方支付所起的作用包括：①托管货款；②代收代付；③存取货币；④清算结算；⑤信用担保。而这一切与银行类金融机构的职能非常相似，但目前的第三方支付的性质界定与监管标准又未具体明确，处于网络运营与金融业务交接的灰色地带，其服务实质上类似于金融服务中的清算结算业务。同时，其提供服务时出现的大量沉淀资金一定程度上具备了资金储蓄的性质。两者都是《中华人民共和国商业银行法》规定的银行专营业务，必须经过银保监会的批准才能从事。在国内，法律规定只有金融机构才有权力吸纳代理用户的钱，其他企业和机构不得从事类似的活动。因此，第三方支付平台显然已经突破了这种特许经营限制，服务提供者已经具备了银行的某些特征，但目前还没有确定相应金融监管法规和机构管理，存在"违法经营"之嫌。《非金融机构支付服务管理办法》及实施细则的发布以及197块牌照发放以后，明确了行业内大多数企业作为非金融机构的主体资格，让企业能够专心于业务发展。第三方支付行业进入监管时代，法律风险也相应降低。

第三方支付业务常涉及银行法、证券法、消费者权益保护法、隐私保护法、知识产权法和货币银行制度、财务披露制度等。由于第三方支付属于新兴事物，尽管国家和政府已意识到对第三方支付监管的重要性，但法律法规尚未完善，未形成一套较独立的法律体系，对诸如第三方支付业务资格的确定、第三方支付活动的监管、客户应负的义务与银行应承担的责任等还缺乏相应的法律法规加以规范。而一旦出现新的法律法规，都将给第三方支付带来风险。例如，我国颁布实施《非金融机构支付服务管理办法》，对第三方支付实行许可制度后，一部分不符合条件的第三方支付企业则会遭受较大损失。

三、金融风险

对于第三方支付公司来说，金融风险包括沉淀资金、洗钱、套现等风险，而第三方支付公司针对打击金融犯罪和保护消费者主要面临以下4个方面的难点：①主体的虚拟性，大部分交易是非实名的；②交易本身的虚拟性，网络发生的交易和本身的交易不一致的，很难核实交易过程,控制交易的程序,该特点使得网络支付可能更容易成为洗钱、套现等金融犯罪的温床;③由于网络的遍及性,使得传播范围广;④由于第三方支付的跨国界性,解决不同国家法律之间的差异又存在一道法律障碍。正是由于这些原因,利用第三方支付进行的洗钱和套现等犯罪活动对第三方支付公司自身的控制和监管能力以及国家的监管能力提出了更高的要求。

(一)沉淀资金风险

在交易过程中,当买方把资金转到第三方的账户,此时第三方对资金进行保管,买方仍然拥有资金的所有权。当买方收到商品并确认付款后,资金所有权转到卖方。第三方支付中一般规定只有当买方收到商品并做出反馈后,系统才能把货款划到卖方账户,这就形成了在途资金。与银行系统运营过程中产生的在途资金相比,第三方支付中的在途资金沉淀时间更长,加上随着用户数量的增长,买卖双方暂存在支付平台账户内的资金沉淀量会非常巨大。如果第三方支付企业出于逐利的需要,将此在途资金用做风险投资,一旦投资失败,投资无法收回,则第三方支付将会遭受重大流动性风险。以支付宝为例,据业内人士估计,考虑到出项资金和进项资金之间的时间差,支付宝账户沉淀资金每月至少在 100 亿元左右。随着以余额宝为代表的"宝宝"军团的推出,似乎缓解了这一风险。但是面对银行不断推出的理财产品,余额宝的年化收益率持续低于 5%,远低于刚推出时 7% 的收益率。在银行理财产品的逼近下,货币基金并没有看起来那般光鲜。

(二)洗钱风险

洗钱是指将毒品犯罪、黑社会性质的组织犯罪、恐怖活动犯罪、走私犯罪或者其他犯罪的违法所得及其产生的收益,通过各种手段掩饰、隐瞒其来源和性质,使其在形式上合法化的行为。21 世纪初,国际组织反洗钱金融行动特别工作组(Financial Action Task Force on Money Laundering, FATF)的一份报告称,互联网支付特别让 FATF 担心,因为用户可以在网上匿名开立账户,所需仅是一张信用卡和银行账号,有时甚至只是一张长途电话卡。信用卡与银行卡还能追溯到个人,但长途电话卡可以匿名购买,根本无从追到个人记录。

第三方支付出现后,反洗钱工作又面临新的情况。

第一,网络交易更具有隐蔽性。网络交易的多个环节都可以被利用来转移"黑钱",并且速度快,瞬间即可到账,监管机构难以掌握全部环节。

第二,网络交易在一定程度上脱离了传统监管部门的监管。第三方支付将款项在银行之间的流动割裂开来,监管机构难以像在银行一样追踪款项的流动。

第三,网络交易真假难辨,增加了监管机构监测的难度。网络交易原本就具有虚拟性,从外部来看,很难识别是否真的进行了交易,影响监管机构对可疑交易的判断。

洗钱犯罪能和一些犯罪共生,成为这些犯罪的下游犯罪。从司法角度看,洗钱犯罪妨碍了司法活动,极大地危害了公共安全;从金融管理秩序角度看,洗钱活动严重扰乱了金融管理秩序,破坏了公平竞争的规则,从而直接危害到正常的社会经济秩序。

央行在《非金融机构支付服务管理办法》中规定支付机构应当遵守反洗钱的有关规定，履行反洗钱义务。因此，如果第三方支付企业不积极参与反洗钱工作，可能受到行政处罚；如果卷入相关事件中，可能在与金融机构合作时遭到拒绝。

（三）套现风险

通过第三方网上支付平台套现，是指持卡人通过互联网进行虚假交易，利用第三方网上支付平台套取信用额度并获得现金的行为。采取这种方式，持卡人可以长期套取银行的资金，实现无息用款，而第三方网上支付平台则仅仅是被动地充当中介的作用。

《支付机构互联网支付业务管理办法（征求意见稿）》公布后，明确规定信用卡不得透支为支付账户充值。随后很多支付企业取消了信用卡充值功能。但是这也不能完全堵截信用卡套现，持卡人可以通过网络购买自己的商品，或者与其他人相互购买商品从而进行套现。交易资金进入支付平台的账户，"商家"获得"购物者"支付的货款后从银行取现，再还给买家。整个过程没有进行真实的货物交易，只是在网上走一个过程，其过程如图 2-1 所示。

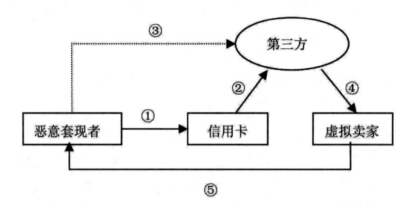

图 2-1 套现流程图

①恶意套现者透支信用卡进行网上购物，制造虚假交易；

②交易资金从信用卡账户转入第三方支付平台；

③恶意套现者向第三方发出支付指令；

④第三方支付平台将交易款支付给虚拟卖家；

⑤虚拟卖家将资金返还给恶意套现者，完成套现过程。

信用卡套现是一项央行严厉打击的非法行为，不法分子利用虚假身份信息取得银行信用卡后，通过套现骗取银行资金。如果第三方支付套现现象持续发展下去，会影响第三方支付平台跟银行之间的合作关系，催生大量的网上虚假交易，影响交易安全和信用危机；影响电子商务市场的稳定，同时不利于整个社会良好诚信环境的养成；情况严重时甚至会影响我国金融市场的稳定性。而且，在套现过程中持卡人一旦无法如期还款，则不仅会给自己的信用记录带来严重污点，还有可能因还不上款而被认定为恶意透支，面临刑事处罚。

四、操作风险

操作风险是指第三方支付机构因信息系统不完善、内控机制失灵、操作人员违规操作、诈骗或其他一些原因而导致的直接或间接损失的风险。第三方支付的使用还没有一个统一的流程，不同支付服务商在提供服务使用上有差别，再加上用户疏忽大意以及企业内部员工欺诈、违规等，这些都会引起第三方网上支付的操作风险。操作风险多是由人为的错误、系统的失灵、操作程序发生错误或是控制失效引起的，其内容涵盖了第三方支付机构内部的诸多风险。

五、技术风险

技术风险是指在第三方支付企业运营过程中，由于自然原因、人为因素、技术漏洞、管理缺陷等产生的，通过技术层面反映出来的风险。IT技术、通信技术是第三方支付存在的基石，离开技术后所有的业务都将无法发展。下面将从系统风险、数据安全、网络安全三个方面展开论述。

（一）系统风险

系统风险可以分为硬件风险和软件风险，是固有的风险。硬件风险是由基础设施引发的，企业在部署IT体系时，可能对外界的变化不能充分估计，或者对设备本身不够了解，采用了不恰当的设备，不能满足业务发展的需要，比如计算机运行速度缓慢、存储空间不够等都会阻碍业务发展。即使构建了一套适合的IT设备，硬件突发的故障也可能导致不同程度的风险。例如，硬盘损坏导致用户数据丢失，CPU突然掉电导致整个支付系统暂停运营等，硬件故障导致的损失又可能是无法恢复的，因此对于硬件风险应该足够重视。

软件风险主要是各类软件在运用过程中引发的风险。虽然在开发过程中会经过无数次测试，但任何一款软件都不可能做到零风险，仍然会存在各种各样的问题，例如，当用户人数逐渐增多，同一时间使用支付系统的用户也越来越多，达到数据库并发数上限时，就可能导致数据库崩溃，无法进行操作。

除以上两个固有风险之外，业务外包所引发的风险也不可忽视。因为IT行业是一个专业性非常强的行业，越来越多的企业选择把IT开发以及运维管理外包给其他科技公司，通过这种方式企业既可以享用最新的科技技术，又不用承担高昂的人力成本，有效解决了人员规模、技术实力、资金压力等瓶颈。但是在实际操作中，很多科技公司对风险这一模块的管理比较粗放，缺乏风险评估、控制机制，而企业本身对外包业务质量的监督和约束也不够，在签订外包协议时对业务质量的约定、考核等认识不足，科技公司没有制定一套有效的应急预案，没有定期进行应急演练，在突然发生故障时可能无法迅速恢复，导致面临巨大风险。

（二）数据风险

信息化高度发展的同时，必然伴随大量的数据资源。庞大的用户数量，再加上活跃的市场交易，会导致数据量急剧膨胀。如今是大数据时代，大数据具有数据体量大、数据类型多、价值密度低、处理速度快的特点，因此为企业带来机遇的同时，也带来很大的挑战。

首先，海量的数据需要足够的带宽、大量的存储设置以及先进的数据处理技术，很容易造成企业发展的瓶颈。如何开发系统、有效运用这些数据创造价值也是困扰企业技术发展的难题。

其次，是数据的保管与维护，水灾、火灾等灾害可能对存储设备造成威胁，突然的断电也可能导致存储出错，海量的数据在数据库维护、备份上也存在很多的困难。数据管理不善就可能导致数据不一致、同一数据散落多处、共享度低等问题，甚至是造成数据丢失。

最后，是数据的安全问题，数据可以分为传输中的数据、静态数据、处理中的数据3类，这3类数据面临着不同的风险。由于第三方支付的接口直接同银行关联，在支付时会保留客户姓名、身份证号、银行卡号、密码等关键信息，不法分子可能会通过系统漏洞盗取这些静态数据信息，加以利用，从而盗取客户资金。一旦有大量泄密的事件发生，就可能引发很严重的后果。

除此之外，客户端、第三方支付平台、银行之间是通过数据流进行信息交换的，有不法分子通过窜改数据流以达到少付款的目的。处理中的数据也可能面临处理结果不准确的风险。

（三）网络安全

网络安全实质上是网络信息安全，存放在接入互联网的存储设备上的数据容易受到恶意或者偶然的攻击，使其保密性、完整性、可用性等受到威胁。在第三方支付领域，互联网支付业务离不开电子商务，各类数据传输都必须依赖互联网，并且这些数据很多都关系到用户的资金安全，具有很强的隐私性，因此必须重视网络安全问题。

网络安全可能从两方面影响企业的运行。一方面是对企业自身的影响，基础设施的漏洞和应用程序的漏洞都可能使企业的系统受到攻击。漏洞一旦被黑客发现并利用，可能引发很严重的后果。

另一方面是对企业用户的影响。目前困扰第三方支付的主要是网络钓鱼。2013年，互联网与金融行业深度融合，以余额宝、现金宝、理财通等为代表的互联网金融产品市场火爆，在线经济活动日趋活跃。但与此同时，钓鱼攻击呈现跨平台发展趋势，在线交易系统防护稍有不慎即可能引发连锁效应，影响金融安全和信息消费。网络钓鱼通常有以下三种手段。其一是注册和真实网站十分相似的网站，比如用数字1代替原网站中的字母l，这是最初级的手段。其二是制作一个足可乱真的网页，最主要的是仿冒支付页面，整个网页同真实的网页几乎无差别，但是数据却传输到不法分子处。其三是通过黑客程序，寻找存在安全漏洞或缺乏有效保护的计算机，并且将黑客程序植入其中，用户输入信息后能够直接被不法分子获取。不法分子获取用户的账号和密码等信息后，会立即转走其在银行中的存款，给用户带来难以弥补的损失。

除此之外,第三方支付还面临着信用风险(包括消费者、商家、第三方支付企业、银行等信用风险)、外在环境风险(包括自然灾害、意外事件、政局变动造成的风险)、市场因素变动风险(包括银行费率、利率等变动造成的风险)、竞争机构风险(包括银行、现有企业和替代品企业)等诸多风险。

尽管第三方支付市场管理日益规范,我国第三方支付市场进入持续发展的轨道,但安全问题是整个产业发展过程中必须面对的重要问题。有调查显示,拒绝使用第三方支付产品的用户中有 5 成以上是出于安全原因考虑。针对这些问题监管机构和社会各界都在思索答案,以保障第三方电子支付公司的持续稳健运营。

第三节　第三方支付监管

一、国际上对第三方支付的监管

(一)监管模式

美国对第三方支付实行的是功能性监管,将监管的重点放在交易的过程而不是从事第三方支付的机构。《金融服务现代化法》将第三方支付机构界定为非银行金融机构,其监管从属于金融监管的整体框架,即实行功能性监管。《统一货币服务法案》是监管第三方支付机构的另一部重要的法规,美国多个州参照《统一货币服务法案》颁布了适用本州非金融机构货币服务的法律。

与美国的功能监管模式不同,欧盟对第三方支付的监管为机构监管,倾向于对第三方支付机构进行明确的界定,先后颁布了《电子签名共同框架指引》《电子货币指引》《电子货币机构指引》等具有针对性的法律法规。早在 20 世纪末,欧盟就规定网上第三方支付媒介只能是商业银行货币或电子货币。基于此规定,欧盟对第三方支付机构的监管也是通过对电子货币的监管加以实现的。此外,欧盟颁布的《增进消费者对电子支付手段的信心》《反对非现金支付工具的欺诈和伪造行动框架》等通告是规范第三方支付机构的有益补助。

(二)监管目标

在监管目标方面,世界主要发达国家具有较高一致性。总体目标均是建立和维护一个稳定、健全和高效的第三方支付体系,保证第三方支付机构和第三方支付市场稳健发展,进而推动经济和金融发展。从具体目标看,首先是促进第三方支付手段和支付体系的高效和安全,这也与中央银行对零售支付的监管目标是一致的。其次是加强对消费者的保护。由于第三方支付机构与消费者之间存在信息不对称,且多数第三方业务存在负外部性和天然垄断性,因此,各国监管部门都把消费者保护作为第三方支付监管的重要目标。最后是防范洗钱等方面的风险。第三方支付为资金的转移提供了一种新的快捷渠道，有可能被洗钱者所利用，因此反洗钱也成为各国第三方监管的重要目标。

（三）监管原则

1. 审慎监管原则

鉴于客户沉淀资金（备付金）在确保第三方支付稳健运营、保护消费者权益方面处于核心地位，美国对第三方支付机构的审慎监管原则首先体现在对客户沉淀资金的监管上。鉴于美国法律将第三方支付平台上滞留的资金视为负债，而非联邦银行法中定义的存款，通过规定第三方支付平台滞留的资金需要存放在商业银行的无息账户中，美国联邦存款保险公司进而以提供存款延伸保险实现对滞留资金的监管，每个用户资金的保险上限为10万美元。

欧洲议会与欧盟理事会颁布的《关于电子货币机构业务开办、经营与审慎监管的2000/46/EC指令》（以下简称《2000/46/EC指令》）是为规范欧盟电子货币活动而采取的一项重大立法措施，其中体现的重要原则之一就是审慎监管原则。该指令不仅对电子货币机构提出了自有资金、初始资本金和持续资金要求，也对电子货币机构所能从事的业务范围及其所收资金的投资活动给予了严格限制。

2. 强化监管与支持创新兼顾的原则

美国作为第三方支付业务和互联网电子商务的主导者、先行者及全球最大的受益者，主张政府尽量减少管制措施以促进第三方支付和电子商务的发展。因此，尽管美国针对第三方支付建立了较为完备的监管框架，但在一些具体规定上相较其他国家仍显宽松，以鼓励创新。

欧盟所引入的电子货币机构审慎监管机制虽然是以信用机构业务审慎监管框架为参照标准，并在后者的基础上产生，但它毕竟是不同于后者的一套独立的具有自身特色的监管机制。欧盟希望其构建的监管框架一方面可确保电子货币机构稳健和审慎运营，有助于电子货币在发行和应用中充分发挥其优势；另一方面又极力避免使自身成为电子货币技术不断革新的障碍，以免遏制有关技术的进一步发展和创新。

3. 消费者保护原则

在防范系统风险的前提下保护消费者权益是西方市场经济监管的核心原则之一，第三方支付行业也不例外。从法律规定看，美国相关的消费者保护主要是从消费者使用信用卡、借记卡以及电子现金等支付工具进行支付的角度来规定，通过第三方进行的支付也被纳入其中。

在欧盟方面，欧盟委员会发布了名为《增进消费者对电子支付手段的信心》的通告，提到监管机构应考虑与消费者有关的问题：一是监管机构必须向电子货币的发行人和使用者提供透明度、责任和争议解决程序的指南，以维护使用者的信心；二是监管机构必须考虑欺诈和伪造的风险，提高安全性。

（四）监管措施

欧美等发达国家和地区对第三方支付机构规定了必要的准入门槛，要求第三方支付平台需通过审批取得执照，审批的内容包括资金实力、财务状况、风险管理以及报告制度等方面。更重要的是，这种对第三方支付机构的审慎监管并不是单一、静态的，准入审批只是监管的开始，分类监管和动态监管的实施能够更好地控制风险，保证第三方支付机构维持良好的经营和财务状况。

1. 许可证和准入要求

通过《统一货币服务法案》，美国对第三方支付机构实行有针对性的业务许可，并设置了必要的准入门槛。《统一货币服务法案》规定所有从事货币汇兑等业务的机构都必须登记注册，获得许可并接受监督检查。美国对第三方支付机构的许可证和准入要求包括联邦和州两个层面。在联邦监管层面，目前主要是要求其履行相应的登记、交易报告等程序。在州监管层面，货币转移业务经营机构必须获得州监管当局的专项业务经营许可。

欧盟《2000/46/EC指令》等规定，各成员国应对电子货币机构以及支付机构实行业务许可制度，确保遵守审慎监管原则的机构才能从事此类业务。根据《关于电子货币机构业务开办、经营与审慎监管的2009/110/EC指令》（以下简称《2009/110/EC指令》），第三方支付机构要想获得电子货币机构资格，必须具备不低于35万欧元的初始资本金，且申请者必须向所在会员国的主管当局提交一份包括拟设立的电子货币机构的商业计划、初始资本金证明、内控制度、总公司及高级管理人员的相关材料等内容的申请资料。

2. 过程监管和动态监管

美国的《统一货币服务法案》建立了动态的检查、报告制度，它明确规定从事货币汇兑等业务的机构应当定期接受现场检查，变更股权结构必须得到批准。这类机构必须维护客户资金的安全且具有足够的流动性，还应符合有关反洗钱的监管规定，确保数据信息安全。同时，对获得许可的机构还需要每年登记一次，对于不再符合规定的企业，设置了终止、撤销和退出管理。《统一货币服务法案》规定，在特定条件下，可以终止、撤销业务许可或要求从事货币汇兑等业务的机构退出该业务领域。

欧盟也同样对第三方支付机构实行动态监管，主要注重以下几点：自有资本、充足的流动资金、合适的风险管理系统以及必要的报告制度。《2009/110/EC指令》规定，初始资本金必须是持续性地持有，并且明确规定了从事不同业务的电子货币机构持续性持有自有资金的最低限制。《2009/110/EC指令》也对第三方支付机构沉淀资金的投资犯罪做了明确规定。

二、我国在第三方支付上的监管

中国人民银行颁布实施的《非金融机构支付服务管理办法》（以下简称《办法》）指出："本办法所称非金融机构支付服务，是指非金融机构在收付款人之间作为中介机构提供下列部分或全部货币资金转移服务：网络支付；预付卡的发行与受理；银行卡收单；中国人民银行规定的其他支付服务。"尽管《办法》中没有对第三方支付平台进行明确的定义,但很明显,第三方支付平台的业务属于非金融机构支付服务,《办法》的出台就是规范第三方支付平台等第三方支付机构的。随着央行发布《办法》的出台,我国对网络第三方支付进行了全方位的制度设计与风险管理,同时也填补了我国对网络第三方支付的法律空白,其中对于第三方支付机构做出了相关的规定,具体包括:确定了第三方支付机构的监管主体为央行;确立了第三方支付机构的法定地位为非金融机构;规定了网络第三方支付的从业范围为"银行卡收单、预付卡的发行与受理以及央行确定的其他支付业务中部分或全部货币资金转移服务";确立了第三方支付机构的市场准入制度;加强了对货币资金的监管;针对反洗钱问题做了详细规定。

虽然《办法》的出台对于网络第三方支付行业有着重大意义,然而毕竟是央行发布的纲领性文件,现实中仍然存在许多监管上的问题。

(一)第三方支付监管立法有待完善

首先,我国虽然制定了《办法》,但其仅是一部部门规章,法律效力层级比较低,可以采取的监管和处罚方法有限。其次,《办法》仅对各类支付服务业务规则、沉淀资金管理、消费者保护、反洗钱等做了原则性规定,可操作性较差,有必要尽快制定相应的配套办法。最后,与第三方支付有关的刑事立法、民事立法也有待进一步完善。

(二)第三方支付的分类不适应业务发展和监管需要

《办法》将非金融机构支付服务分为网络支付、预付卡发行与受理、银行卡收单,并按这种业务分类发放《支付业务许可证》。这种分类方法不能满足科技的发展和支付服务市场分工的进一步细化,各种支付工具、支付方式和支付渠道之间相互融合,导致原有的分类方法不仅不适应第三方支付业务的发展,而且给监管和相关法规制度的制定造成了困难。

(三)备付金管理制度不完善

在买方将资金交给网络第三方支付机构到其支付给卖方之前,这段时间的资金称为客户的备付金。我国监管政策要求第三方支付机构的备付金只能以银行存款形式存在。这种监管政策在对第三方支付开展监管的初期,有助于防范备付金被挪用的风险,确保客户资金安全。但该方式规定过死,不是最经济和最有效的备付金监管模式。随着监管的逐步深入有必要采用更加科学、更加有效的模式对备付金进行监管。此外,在我国法律实务中,如果当事人未有特别约定或法律未有明确规定,原物人享有孳息的收取权。客户备付金属于客户所有,按理说其产生的孳息也应属于客户。如果规定孳息归客户所有,那么孳息如何发放到客户手中呢?网络第三方支付的交易额普遍较小,每个客户备付金的孳息很少,但是集中起来就是一笔不小的数目,因此,对这部分孳息如何分配或者使用是要明确的问题。

(四)对网络套现问题规制不足

网络交易具有隐蔽性和匿名性的特点,使得网络第三方支付平台极容易成为资金非法转移和套现的工具。支付平台难以分辨资金的真实来源和走向，这将会让某些人有了可乘之机，利用该平台进行资金的非法转移、诈骗、洗钱、逃税漏税等活动。目前银行对信用卡的提现有一套控制措施，即通过交易成本来控制它的使用，交易避开了这些提现成本，这客观上无疑使信用卡套现更加便捷。因此，利用第三方支付平台实施网络套现的问题如不规制，对于网络第三方支付的全面监管将是一个潜在的威胁。

（五）消费者权益保护机制缺失

网上支付中的最大风险是安全风险，如果立法不能有效保护消费者权益，而消费者因担心安全问题少参加或不参加网上交易，电子商务的潜力就很难充分发挥，网上支付走入平常百姓的生活之中也就很困难。消费者的保护分为交易中的保护和交易后的保护，网络交易具有隐蔽性，而且网络第三方支付的流程比其他支付方式要复杂，导致现存的消费者权益保护法很难对其进行规制，需要结合网络第三方支付的特点建立网络消费者权益保护机制。

从我国金融消费者保护领域的整体来看，还存在着缺乏完善的金融消费者保护法律制度体系、维权程序不健全、监管机制不足等问题。在此大环境下，由于消费者与支付机构之间明显的信息不对称，且我国对第三方支付的监管刚刚起步，因此在第三方支付消费者保护方面仍存在着很多不足，影响到第三方支付行业和电子商务的发展。

第 三 章　金融科技

第一节　人工智能金融

一、人工智能金融简述

人工智能（artificial intelligence，AI）属于科学研究的一个分支，希望通过生产出类似人类智能形式的智能机器，从而了解智能的实质。目前在人工智能领域的研究方向主要包括机器人、语言识别、图像识别、自然语言处理和专家系统等。

通俗地说，人工智能就是让机器和人类一样拥有思考和识别能力。其本质就是让机械变得能够自我思考、自我学习。

人工智能并不是一个新概念，它经历了起起伏伏的发展历程。21 世纪以来，人工智能之所以取得了前所未有的提升，是受益于神经网络和深度学习在算法上的突破。

（一）人工智能的发展路径及趋势

1. 人工智能的发展路径

人工智能产业链包括基础技术支撑、人工智能技术及人工智能应用三个层次。基础技术支撑由数据中心及运算平台构成，包括数据传输、运算、存储等。人工智能技术是基于基础层提供的存储资源和大数据，通过机器学习建模，开发面向不同领域的应用技术。人工智能应用主要为人工智能与传统产业相结合实现不同场景的应用，如"无人驾驶"汽车、智能家居、智能医疗等领域。

总的来说，人工智能的基础技术支撑已基本具备，多家相关公司重金投入硬件，提升运算速度，完善基础技术支撑。随着神经网络和深度学习技术的发展，认知智能或将迎来新的技术突破。谷歌、IBM、亚马逊、百度等公司争相开源人工智能评聘，谋求"开放"的大生态，全面发展人工智能技术。

而在人工智能应用层面，苹果、微软、IBM、BAT[①] 等也纷纷试水与场景融合。在试水人工智能的过程中，国内金融行业也逐步开始应用人工智能技术。

2. 人工智能行业发展趋势

人工智能产业作为一个新兴领域，在世界范围内还处于起步阶段。与发达国家相比，我

---

① BAT 是中国三大互联网的合称，分别指百度（Baidu）、阿里巴巴集团（Alibaba）和腾讯公司（Tencent）。

国人工智能领域的研究及应用水平也毫不逊色。

在未来，人工智能产业的竞争会随着不断增长变化的需求而演化。人工智能行业可能呈现如下发展趋势。

第一，人工智能将承担更复杂、更智能的工作。目前，人工智能应用还处于感知智能阶段，需要根据人工设定的程序来辅助人工完成任务。随着机器学习算法的发展，机器人可以更好地学习并掌握知识，变得更加智能；机器学习算法在数据分析方面的应用，可以更好地促进数据策略的发展。

第二，人工智能服务将走向价值链上游。目前，在服务行业，人工智能主要用于辅助人工或提供更便捷的后台处理，较少直接提供对客服务。而自然语言处理将使人与机器的交流更加容易，将大幅改善人与机器之间的交流。人工智能在服务行业将提供更多的直接对客服务，人工智能逐步走向服务价值链的上游。

第三，从训练式的被动学习向主动学习转变。机器学习主要依靠导入海量的数据来训练机器对事物的感知与认知。目前，深度学习已经可以通过采用神经网络，使机器人主动获取并理解网络上的图片、视频和声频等内容。在未来，机器人或许能够从其他机器人的工作中获取信息，并将信息上传至不同系统。也就是说，两个完全不同的机器人也能够教会彼此如何执行一项新任务。

第四，人工智能将是未来科技创新的排头兵。在未来，人工智能将给各行业带来深远的影响，人工智能应用也将走进普通消费者的生活。人工智能将与各行业进行深度结合，智能家居、智能制造等都是其切入行业。

（二）人工智能对金融行业的影响

深度学习在算法上的突破掀起了人工智能浪潮，大幅提升了复杂任务的分类准确率。人工智能在某些领域将彻底改变人类目前的生产模式，劳动密集型的工作将完全由机器人来完成，人力将投向更具价值的事情。对于金融领域来讲，人工智能主要有以下几方面的影响。

1. 金融服务模式更加个性化、智能化

在传统技术模式下，金融行业只能为少数高净值客户提供定制化服务，对绝大多数客户只能提供标准化服务。人工智能切入金融领域，机器能够更逼真地模拟人的功能，使批量实现对客户的个性化服务成为可能，这将对银行沟通客户、发现客户金融需求的模式发生重大改变。金融产品、服务方式、风险管理以及投资决策等都将迎来新的变革。人工智能技术在前端可以用于服务客户，在中端可以支持授信、各类金融交易和金融分析中的决策，在后台可以用于风险防控和监督。

2. 金融大数据处理能力大幅提升

金融行业沉淀了大量金融交易、客户信息、风险控制等数据，这些形态多样的数据容量巨大，占据宝贵的储存资源，又无法转换成可分析数据加以利用。虽然大数据技术对此有所

改善,但数据的有效处理和利用依然面临着极大挑战。在风险管理与交易这种对复杂数据的处理方面运用人工智能的深度学习系统,将大幅降低人力成本并提升金融风控及业务处理能力。

(三)人工智能技术在金融领域应用场景

目前,根据人工智能技术支持能力和市场实际应用情况,基于语音识别的技术最可能在金融领域优先应用。市场已经具有成熟的商业运营案例和业务框架,技术应用难度较低,可迅速实现商业价值。其他人工智能技术在商业运用方面仍处于初期阶段。结合目前行业发展趋势,按照人工智能技术分类,提出如下金融应用场景设想。

1.智能客服

利用语音识别与自然语言处理技术,打造智能的客服机器人,通过整合集团对外客户服务渠道,提供在线智能客服服务。一方面,可以作为座席的辅助手段,快速解决客户问题。客服机器人通过实时语音识别和语义理解,掌握客户需求,并自动获取客户特征和知识库等内容。另一方面,可以基于语音和语义技术,对电话银行海量通话和用户单据数据进行识别分析,挖掘其内在价值,为客户服务、营销等提供数据与决策支持。同时,这些数据还可以供智能客服系统进行自动学习,生成知识问答库,为后续客服机器人完成任务提供参考依据。

2.人脸识别与安全监控

利用计算机视觉与生物特征识别技术,机器可以更准确地识别人的身份与行为,以帮助金融机构识别客户和进行安全监控:可以利用网点和ATM摄像头,增加人像识别功能,提前识别可疑人员,也可以帮助识别VIP客户;可以利用网点柜台内部摄像头,增加对员工可疑行为识别监控,记录并标记疑似违规交易,起到警示作用;可以在银行内部核心区域增加人像识别摄像头,实现智能识别,达到安全防范的目的。

3.预测分析与智能投顾

机器学习与神经网络技术使机器能够通过数据的分析处理去自动构建、完善模型,预判事务变化趋势和规律,并提前做出相应的决策:使用深度学习技术从金融数据中自动发现模式,如分析信用卡数据,识别欺诈交易,提前预测交易变化趋势并做出相应对策;基于机器学习技术构建金融知识图谱,基于大数据的风控需要对不同数据进行整合,检测发现数据中的不一致性,分析企业的上下游、竞争对手、投资、对标等关系,主动发现并识别风险;通过提取个人及企业在其主页、社交媒体等地方的数据,判断企业或其产品的影响力和产品评价;通过数据分析和模型预测投资的风险点,实现放贷过程中对借款人还贷能力进行实时监控,以减少因坏账而带来的损失;采用多层神经网络,智能投顾系统可以实时采集各种经济数据指标,通过不断学习,实现批量性、个性化定制投顾方案,降低财富管理的服务门槛。

4.机房巡检和网点智慧机器人

可以在机房、服务器等核心区域投放24小时巡检机器人,替代或辅助人工进行监控;可以在网点投放智慧机器人,对客户进行语音互动交流,根据客户知识库内容进行标准业务咨询和问答；通过前端采集客户数据,可开展精准营销工作。

当前,金融行业已在客服、营销、风险、信贷等多个领域应用人工智能技术。未来还将在更多的领域,更加深入地研究与应用人工智能技术。金融行业作为科技发展的重要应用场景,应该紧跟人工智能发展趋势,积极尝试在各领域的运用与验证。

二、智能投顾的优势与发展

随着人工智能技术日渐成熟,国内很多公司都相继推出了智能投顾服务,其中包括互联网巨头公司(如阿里旗下的蚂蚁金服、京东金融和百度金融)、传统金融机构(如招商银行的摩羯智投、兴业银行的兴业智投)和金融科技公司(如理财魔方)等。

(一)智能投顾的优势

AI成为各行各业变革的重要趋势,金融行业也不例外。云计算、大数据技术和金融的融合让智能投顾备受瞩目。相比传统理财方式,智能投顾具有以下几方面优势。

1. 实现资产配置最优化

智能投顾可以根据客户对风险和收益的不同态度,为其资产配置提出针对性建议,实现资产配置的最优化。比如,中年人收入较高,更愿意承受更大的风险获取更大的收益,老年人的投资意愿则更偏向于在保住本金的前提下获得一定收益。智能投顾针对不同用户给予个性化的资产配置解决方案,实现个人资产的最优配置。

2. 克服人性弱点

投资者进行投资决策时往往会受个人情绪影响,容易在风险和收益之间摇摆。带有情绪的投资可能引发错误的判断,影响最终的决策。智能投顾没有情绪的波动,只有理性的判断。因此,智能投顾可以帮助用户做出客观的判断,克服人性的弱点。

3. 快速提供方案

智能投顾旨在为缺乏金融知识、缺乏理财经验的用户提供高效的理财服务。客户进行简单的操作后,平台就会在众多金融产品中给用户提出具有针对性的投资组合。整个流程全部由智能机器人完成,十分快速和便捷。

4. 降低服务门槛

目前,各家智能投顾平台配置的金融产品类型不同,投资的门槛少则1000元人民币,多则上万元人民币。例如,商业银行理财产品的投资门槛是5万元人民币,私募基金的投资门槛是100万元人民币。由此可见,智能投顾的服务门槛相对较低,可以服务于更广泛的人群。

5. 降低交易成本

传统投资顾问是根据交易的佣金来获利,交易成本相对较高。国内智能投顾平台收取服务费的方式不同,有的按投资总额收费,有的按浮动收益收费,也有财大气粗的平台不收取服务费。当然,交易的手续费是每家平台都免不了的。智能投顾则省掉了不必要的交易,降低了交易成本。

（二）智能投顾在我国的发展困局

1.大数据维度单一，深度学习存在黑箱

人工智能的发展 80% 归于数据的丰富，20% 归于算法的提升。金融领域的数据极易标签化，这对人工智能在金融领域发展有很大的利好。然而，智能投顾所获得的数据虽然丰富，但是维度却很单一。

智能投顾是基于用户画像和资产刻画提供服务。对用户进行画像需要搜集和分析投资者交易行为数据，而我国客户的投资行为习惯非常脆弱，客户的不同投资习惯所带来的结构对智能投顾的挑战也不同，因此客户的风险画像往往很难精准表述它的特征；对资产进行画像则需要搜集和分析金融产品结合市场的数据，目前国内拥有优质数据资源的公司很少，而拥有优质数据资源的公司组建了数据封闭体系，不能很好地互通。同时，数据整合模式不成熟，造成有价值的数据过于分散，接入成本高。

如果说在智能投顾赋能中算法占比 20%，那么深度学习则起到了一半的作用。在深度学习领域，真正能够把参数调好的人才极其稀缺。比如对于多层神经网络，每层都有很多参数，应该输入多大的数据量才会产生理想结果，这没有规律，只是一个经验值。比如输入大量数据得出一个结论后，你无法回溯是如何得到这个结论的，甚至无法证明这是最优解。所以，深度学习最大的问题是黑箱。

2.配置资产和金融服务的属性没变

传统投资顾问由专业人士担任，主要针对高净值人群，人力成本高，导致了传统投资顾问的管理费普遍高于 1%，且边际成本下降不明显。智能投顾管理费普遍在 0.25%～0.5% 之间，边际成本随客户增多而下降，边际效应明显。

然而，与传统机构相比，智能投顾公司是典型的互联网发展模式，投入市场和运营的花费巨大，这样就增大了获客成本。同时，如果系统智能化程度不高，公司盈利率也不会理想。

（三）智能投顾发展途径

1.技术与流量相结合

品牌是智能投顾的竞争优势，而品牌也是老牌资产管理公司的强项。品牌弱的智能投顾产品获客成本就高，独立智能投顾根本不能承受高财力、高信任用户的转化成本。

例如，中农工建这样的银行巨头很早就和 BATJ[①] 等互联网金融企业进行了基于技术能力的合作。而一些缺乏技术能力的中小银行也有进军智能投顾的趋势，这些中小银行在地方上有一定的获客优势，但是碍于其薄弱的技术实力往往很难推进类似的创新，而与具有技术优势的智能投顾公司进行优势互补是解决方法之一。

银行对风险很敏感，切入点可以是低风险的定投或者偏固收类的资产配置等。采取相互赋能的形式进行优势互补，才能进一步将蛋糕做大。

---

① BATJ 指百度、阿里巴巴、腾讯和京东。

2. 人工智能为主，基金经理为辅

在金融市场上，产生收益的过程和方式有很大的不确定性，只有通过人脑的思考、理解与创新能力，才能够将其架构成应有的模型。智能投顾因为没有创新和发展的能力，所以只能在部分程度上完成这个任务。同时，智能投顾侧重于"投"而缺乏"顾"。

在目前阶段，人的干预就显得尤为重要。智能投顾最终的投资建议必须经过人工检视、处理后才能提供给用户使用。通常情况下，用户与传统投资顾问有更多的互动，可以涉及用户房地产投资、子女教育投资等更广泛的财富管理增值服务。从用户的角度出发，"顾"比"投"甚至更重要。而想要做到"顾"，需要在"投资"的过程中给予适当的人文关怀。只有"想人所想"，才能充分获得用户信任，甚至会比"投"得好更有效。

从行业发展情况来看，依托传统金融机构的平台资源和客户渠道，人工智能为主、基金经理为辅的模式是现阶段最为有效的方式之一。

3. 让用户自主选择

我国证券市场目前仍以散户为主，市场情绪波动巨大，很容易出现不理性的投资行为。在某种程度上，这种非理性行为助长了上市公司的有恃无恐。智能投顾可以通过金融学中公认的科学投资方法，引导投资者理性配置自己的资产。智能投顾的主要目标人群是年轻人和新中产即 30~40 岁的人群，他们对智能投顾的接受度可能略高于一般群体，但对机器的信任值当然也不会达到百分之百。

基于此，智能投顾公司可以提供很多方便的投资工具或者分析工具。比如基金的优选及诊断，同时配上一些估值概率分位、MPT 之类的分析工具。对用户进行市场教育的同时，给用户一定的自主选择，可以增加客户对机器的容错度，有利于提高人们对智能投顾的接受程度。

而当智能投顾公司采取这种方式，无论是 toC（面向个人）还是 toB（面向企业），都会产生新的盈利点。

智能投顾处于蓄势待发阶段，在国内既有"智能＋投"，也有"智能＋顾问"，既有机器主导，也有人机融合，这是变革转型期的常态。伴随着 AI 技术的成熟和相关政策的落实，智能投顾颠覆现有的投顾模式将是最终的发展趋势。

三、智能金融带来的挑战

（一）人工智能将对金融行业人才产生的影响

在我们常见的金融交易当中，如信用评估、投资分析、银行贷款、个人金融、量化投资、市场研究、保险市场、贷款催收、企业财务、通用预测、合规风控、资产管理等都有着人工智能的影子，都有可能被人工智能所替代。

而掌握相关技术的分析师的工作也将受到一定的冲击：人工智能软件正在取代他们工作内容中需要耗费大量精力与时间的部分。

不过,也有业内人士认为,目前人工智能在金融行业的应用还没有到可以委以重任的地步。人工智能可以替代一些信息收集和处理的基础工作,但在真正可以完整模拟人脑的人工智能出现前,分析师不可能被完全取代。

数据分析的目的是解决问题或者验证猜想,这些需要先预设目标作为切入点,然后在探索过程中逐步修正。

数据分析是提出和发现问题的过程,而计算机不会提出问题,即使计算机能发现一些问题,这些问题也是人类分析师已经发现的问题,而且已经设定好规则。也就是说,计算机只能根据规则发现问题,而数据分析师就是设定规则的人。

不同的分析师针对同一份数据可能会得出不同的结论。分析师并不是单纯地根据数据本身得出结论,而是结合很多外界因素做决断。经验丰富、有效信息量多的分析师所得出的结论才会更接近事实。目前,计算机不能自主完成这个过程,商业智能系统做得再好,也需要分析师设定规则,告诉计算机在什么时间需要做什么。

总的来说,那些要求更多创新和协调能力的工作则不容易被取代。人工智能并非是单一存在,它需要算法、芯片等一系列围绕人工智能的产业链,因此将会出现一批全新的工作岗位。相比现在,未来金融业更需要像程序员、算法工程师、硬件设计生产人员,以及培训人工智能成长、审核人工智能道德和合法性的人员出现。

(二)金融行业人才发展策略

人工智能的发展让金融业迎来一场海啸,"科技 + 金融"势必是未来的发展方向。金融人也应该加速助跑,正面迎接这场科技变革。

1. 积极应对挑战

从积极的角度来看,人工智能将人类从很多烦琐、重复的工作中解放了出来,金融人就可以集中精力,把机器取代不了的那部分工作做得更好。另外,从业者对形势、风险的把握以及所掌握的人脉,这些都不是技术能够代替的。

2. 积极学习 AI、用 AI

作为商业人才,金融人不必焦虑于是否要转行去 AI。从技术角度来看,人工智能发展至今技术已经日渐成熟,人工智能之所以还没有被广泛运用,一个重要的原因是应用层面还未挖掘出底层技术的商业价值。目前,人工智能更需要的是和各行各业的深入融合,金融人可以运用自身的优势和创造力,使人工智能在金融领域发挥更大的商业价值。基本的科技素养也会成为衡量金融人创新能力与运用能力的砝码。

3. 终身学习势在必行

把人生分为学习和工作两个阶段的观点,已经不再适用于这个快速发展的时代。终身学习已成为当前时代对我们的要求,把职场作为新的起跑线,永远要保持与时俱进和积极学习的态度。

在未来,不管人工智能会取代金融业务中的哪些流程,作为人工智能的使用者,都应该掌握被代替部分的技能。技术是为我们服务的,而不是我们为技术服务。

金融行业对于理论水平和实操技能的要求,并不会因为科技的进步而降低。只有顺应潮流,增强快速学习能力,利用开放的心态、系统的思考,才能让自己在人工智能的大潮中立于不败之地。

第二节　区块链金融

一、区块链金融的内涵

提起区块链,很多人会想到数字货币,甚至有人认为区块链等同于数字货币。这是因为在现阶段,金融是区块链创新和应用落地较快的领域,最典型的应用就是比特币、莱特币等数字货币。

其实,在金融领域中,区块链技术只是数字货币的底层技术,区块链技术在支付清算、金融交易、数字票据、物联网金融、银行征信管理等多个方面都有广阔的应用前景。

（一）区块链的概念

为了让读者更容易理解区块链,此处把成语接龙的游戏和区块链进行对比。二者有很多相同之处:比如,我们在群里玩一个成语接龙的游戏,规则要求下一个抢答者接龙的内容必须包含"时间＋上一个成语里的某一个字＋自己名字",这就是区块链中的共识机制;确定了游戏规则后,建立第一个成语"12 点 00 分＋一字千金＋大本钟",这就是区域链中的创世区块;接下来,比如群友"笨小猪"发送了"12 点 10 分＋金枝玉叶＋笨小猪",每个人在群里都可以看到自己账号上的记录,这就是区块链中的分布式账本概念;因为大家都可以看到群里的消息,所以就有效地防止了有人记录时出错或者恶意篡改,这就是区块链中的共享账本概念;为了提高参与游戏的积极性,我们决定增加激励机制,比如成功抢答一个成语后我们奖励其一个艾特币,这就是基于区块链技术而产生的比特币应用;这个规则也考虑了可能发生的意外情况,比如两个人同时抢答成功,那么此时就看谁的成语最先被下一个人抢答成功,就可以认定他们的这一条"链"是被真正记录的,这就是区块链中的分叉机制;玩了一段时间后,大家发现这个游戏太简单,为了保持游戏的可玩性,就可以增加游戏难度,比如变成歌词接龙、单词接龙,这就是区块链中决定挖矿难度的随机数。

这样在群里玩接龙游戏的好处就是确保了整个游戏过程是可信任的,如果某个人想要通过作弊修改其中某一个成语或者抢答者,那么他也需要修改这个成语的上一个、下一个成语,然后他就又发现还要去修改上上一个或者下下一个成语……通过这种瀑布效应,就保证了整个游戏过程几乎是不可被篡改的。同时,因为没有主持人掌握所有记录并隐瞒过程,因此也不存在所谓的内幕与暗箱操作。

因此,区块链就是一群认同并遵守这个规则的人共同记录连续信息的过程。

1. 区块链主要原理

区块链并不是某种特定的技术,而是综合了互联网技术、分布式点对点技术、公钥加密算法等基础技术,并为实现低成本价值转移而设计的系统性解决方案。具体来说,区块链是指通过去中心化和去信任的方式,集体维护一个可靠数据库的技术方案的统称。

在该技术方案下,系统中任意多个节点通过密码学算法记录了某段时间在网络中发生过的所有信息交流数据,并生成区块,区块按照时间顺序连接形成区块链,由所有系统参与节点共同认定记录是否为真。

因此,区块链就是一种全民参与信息记账的技术方案。可以把这种方案理解为所有的系统背后都有一个数据库,并把数据库视为一个大账本。传统模式是使用中心化的服务器来记账,但在区块链系统中,系统中的每个参与者都可以参与记账。每隔一段时间更新一次数据,系统会评判在此期间记账最快、最好的节点,并把该节点记录的内容更新至系统内所有的其他节点进行备份。这种"去中心化"的方式是区块链技术的代表性特点。

2. 区块链技术特点

(1)去中心化

去中心化是区块链技术的核心。在传统的互联网模式中,几乎所有的数据库管理的模式都是依靠中心记录、中心储存的。中心是所有路径的交错点,由一个中心来处理整个互联网的数据可以较好地实现控制目的,但是也会导致很多的问题。一个中心处理如此巨大的数据容易出错,甚至当一个中心出现问题时,整个互联网都会处于崩溃状态。

在去中心模式下,网络没有中心化的硬件或者管理机构,任意节点之间的权利和义务都是均等的。网络是基于分布式方式进行运行和管理,任何一个节点出现问题都不会影响整个系统的运作。比如,目前各国央行清结算体系就是典型的"中心化"模式,在整个清结算体系中,人民银行作为中心节点,单独管理和维护所有参与节点账务往来的"账本",人民银行账务系统一旦出现任何风险,将对全社会的账务处理造成较大的影响。而P2P网络传输就是较为典型的点对点模式,在整个系统中,每个节点之间均为平等关系,任何一个节点在下载任何网络资源过程中以分布式的方式从各个网络节点获取部分资源,也就是说,单一节点损坏不会对其他节点完成资源下载造成影响。

(2)去信任

与传统互联网不同,区块链技术构建的信任并不需要交易者彼此之间相互信任或者信任可靠的中心节点,只需要对区块链本身的技术信任即可。

区块链依靠非对称加密和可靠数据库完成了信用背书,所有的规则事先都以算法程序的形式表述出来,参与方只需要信任共同的算法就可以建立互信,通过算法为参与者创造信用、产生信任和达成共识。

整个系统中的每个参与节点之间进行数据交换时,整个系统的运作规则、数据内容都是公开透明的,因此在系统指定的规则、时间范围内,节点之间根本无法欺骗其他节点。整个系统的信任基础并不依赖于某个节点，而是依赖于系统算法和既定规则，而在现有技术下，该算法难以被攻破。

（3）去风险化

区块链会为每一笔交易盖上时间戳，时间戳其实是对每一次交易的认证，时间戳认证比传统的公证更为可信，因为时间签名是直接写在区块链上的，已经生成的区块在区块链中是不能再修改的。

时间戳的应用保证了交易信息的安全，减少了信息欺诈、虚假交易等情况。区块链上任何一个节点都不能单独更改数据，要破坏整个区块必须控制超过50%的节点。而在现实中，参与区块链网络的人很多，攻击超过50%的节点几乎是不可能的，而且即使攻击51%的节点，其收益远远低于所投入的成本。所以相对传统网络，区块链更加安全可靠。

此外，系统中所有的节点都可以维护数据块，即每个系统成员都能参与系统数据维护。系统中所有的参与者都会保存一份历史交易记录文件，每个节点都能判断新的交易记录的真伪，因此具备"不可篡改"的天然优势。

（二）区块链金融技术的发展阶段

1. 区块链1.0：货币

区块链技术伴随比特币应运而生，比特币也成为区块链技术最典型的应用。

比特币是一种基于分布式网络、数字签名技术、加密交易单形式存在的虚拟货币。比特币的发行、交易验证都是基于比特币系统公认的数学算法和加密技术。比特币的发行速度由程序算法预先设定，存在供给数量上限，任何个人或者组织都可以开发、下载和运行比特币客户端，随意生成比特币地址以接收和发送比特币。在当前机制下，比特币的发行和交易是同时进行的。

比特币系统中每笔交易都对应一个交易单，发起交易的节点向网络广播该交易单信息，全网节点通过特定算法和技术验证交易单的有效性，验证完成后将同一时间段内其他所有交易单归集到一个新的数据块中；最先完成同一时间段内所有交易单验证和包装的节点向全网广播自己的结果，其他节点接收该区块并检验是否符合规则。验证通过，则该数据块有效，其他的节点确认接受该数据块，并将其附加在已有的区块链条之后；获得确认后，交易被不可逆转地确认。为了鼓励各节点参与交易的验证和区块的包装，系统对于首先完成验证及区块包装的节点给予比特币奖励，奖励的过程即比特币发行的过程。

在这一阶段，去中心化的数字支付系统被构建起来，随时随地的货币交易、快捷迅速的跨国支付变得更加容易。比特币去中心化的特点注定了比特币不会被某个国家或者团体所控制，这让货币强势的国家很难接受，因为经济强国通常可以通过印刷货币获得极大的财富。对于强国来说，比特币冲击了现有的印刷货币的体系，让其丧失了通过印钞机掠夺财富的优势，这使得在法律层面承认比特币是一个巨大的挑战。

2. 区块链 2.0：合约

区块链技术主要起源于数字货币，但已被开发应用于其他涉及第三方机构信用背书的业务领域。当前主要涉及金融服务的智能合约的商业领域。

区块链在诞生之初就具备跨境支付的功能。区块链在跨境支付的应用主要体现在，通过一种金融交易的标准协议，实现全世界的银行、企业或者个人互相进行点对点金融交易，实现跨国跨币种的支付交易。

区块链应用于跨境支付在技术上完全没有问题，这项技术之所以没有被真正应用，主要是因为涉及政治、法律、隐私等问题。

3. 区块链 3.0：治理

从本质上讲，区块链技术是一种基于数学算法信任的分布式协作模式。因此，区块链能够成为提高社会运作效率的新型社会治理模式，能够运用于公证、投票及相关去中心化自治组织等领域。

（1）投票

美国纳斯达克交易宣布将使用区块链技术来管理代理投票系统，用于股东大会的投票。

（2）公证

美国初创金融科技公司 Factom 率先把区块链技术应用到了公证领域。运用 Factom 的解决方案，客户能够把文书、数据信息、文件等保存在分布式区块链上进行公证。

二、区块链技术对金融业的影响

区块链基于互联网的分布式账本技术，提供了一种新的信用创造机制，在金融领域表现出广泛的应用前景，理所当然地成为人们热议的话题。国内外顶尖金融机构对于区块链技术十分重视，业界普遍认为，区块链会给金融业带来巨大的冲击，甚至会产生颠覆性的影响。

（一）对金融业主要领域的影响

1. 对各国中央银行的影响

当前比特币交易的火爆引起了各国中央银行的重视，都开始深入研究基于区块链的数字货币。基于区块链技术的加密货币有三个特点：它是一个去中心的清算模式；它是一种分布式的记账体系；它是一种离散化的支付系统。

去中心化的清算模式意味着不再需要中央银行提供清算服务；分布式账本用流水账的方式记录了在这个网络上的一切交易记录，意味着可以自动完成整个清算功能，不需要再借助银行体系进行清算。清算问题是中央银行诞生的最重要的动因，货币发行权的基础在于清算权。区块链清算非常高明，完全不用人工干预，而且还特别安全，比各国所使用的转账系统成本要低得多。

面对这种情况，中央银行需要学习区块链技术，主动采用区块链技术设计新货币，而不是让社会自发设计货币。央行要掌握未来游戏规则的制定权，以便主导之后的货币变革。

2. 对商业银行的影响

在区块链上做清算，区块链上的数字货币就是账本上的一个数字，这个数字不依赖于银行账户存在，是一种不依赖于银行体系的独立货币。所以，在未来，如果数字货币发展成为一种独立的货币，它将会跟传统的商业银行争夺居民储蓄。

对于数字货币带来的挑战，商业银行可以采用轻资产的模式来应对。商业银行的重点工作将成为设计贷款产品，产品推出后由投资者决定是否购买，贷款资产属于投资人，商业银行只是帮助投资人进行咨询、风控和运营，咨询费和服务费等佣金成为类投资银行的盈利模式。

受区块链技术的影响，在未来，商业银行可能不再接受储蓄，投资者可以去银行购买与自己的风险偏好相匹配的贷款资产，金融生态会发生巨大的变化。

3. 对投资银行的影响

区块链在证券发行和交易领域的应用有四方面价值：区块链可以使证券交易的流程更加透明、快捷，证券公司只需提供投资咨询服务，担任专家顾问的角色；区块链能够记录交易者的一些关键信息，有利于证券发行者更加快速地了解发行情况，提升商业决策效率；基于区块链技术公开透明又可追踪的电子记录系统，能够降低暗箱操作、内幕交易的可能性，有利于证券发行者和监管部门维护市场公正；区块链技术使证券交易日和交割日的时间间隔缩短至以分钟计算，减少了交易延返和交易风险，提高了证券交易的效率和可控性。

为了应对区块链技术带来的挑战，证券公司需要强化软件应用开发能力，掌握区块链技术和设计理念，设计出更好的产品吸引投资者关注。证券公司需要进一步提高专业能力，以投资者资产的保值增值为自身经营目标。

4. 对保险公司的影响

区块链技术在保险行业的应用可以进一步有效避免保险欺诈。现实的保险业务中，保险公司和投保人之间的纠纷时有发生，区块链技术提供的开放、共享、真实的数据信息有效地维护了保险的诚信。

区块链技术的应用会改变保险业的模式。目前的保险业是商业保险模式，保险公司受利益的驱使，在风险定价时更多地会考虑自身利益，与客户的关系是对立的。随着区块链技术的应用，商业保险模式将会逐渐向互助保险模式转变。在该模式下，保险人不再是保险公司，而是每一位参与者，客户缴纳的保险费将全部用于被保险人身上。

（二）区块链技术在金融领域应用的局限性和风险

区块链技术去中心化的信任机制能够较好地解决全球范围内的价值交换问题，在一定程度上具备成为下一代互联网基础协议的潜质。但是，从目前区块链技术的实际运作情况来看，仍存在一定的局限性。

1. 目前区块链技术实际运用的局限性

（1）全网运算能力浪费问题

区块链系统中，所有参与节点都需要通过大量运算来验证交易有效，但只有最先完成运算验证的节点所提供的区块数据才有价值，而其他同时参与运算的节点所产生的区块没有任何作用，这对全网的运算能力造成了浪费。

（2）交易处理能力问题

当前单一区块容量较小，所包含的交易数量也较少，即区块链模式下的交易处理能力可能相对较弱；当前区块链的实际应用也相对较少，即使是最为成熟的比特币应用，其交易规模也较为有限。所以，区块链的运作方式尚未对现有网络的传输效率和存储能力造成实质性影响。在未来，区块链应用一旦普及，随着交易规模快速增加，将对全网的传输效率和存储能力产生较大的挑战。

（3）核心算法安全问题

区块链技术的去信任基础主要建立在数学算法和加密技术上，尽管当前的算法机制在推出以来并未被攻破，但并不能保证永远安全。目前已有理论研究表明，未来量子计算机出现后，就能在较短时间内对区块链技术核心算法进行破解，对其信任基础形成极大的挑战。

2. 区块链在金融行业应用的风险

由于区块链自身存在的技术障碍，使得其在金融行业的应用并不乐观，甚至会加剧金融机构面临的风险。

（1）区块链的安全问题

传统的金融设施都是由某个组织单独控制，相关软硬件设施都是不公开的，业务系统的源代码也是私有的。区块链是一种开放的应用，区块链系统的代码是在参与者之间共享的，处于公开状态，区块链的系统也是处于相互连接的状态，因此，基于区块链的应用更容易受到攻击。虽然理论上来说，基于POW算法共识的区块链交易的确认需要超过51%成员节点的认可才能完成，攻击者无法对大部分的节点进行攻击，但是可以攻击区块链的上层应用来突破这种防御体系。不像传统金融系统可以对监测到的攻击进行实时阻止并修正，区块链应用一旦被攻击就无法挽回，或者必须征求大部分参与者同意后紧急进行硬分叉修复。

（2）区块链的隐私保护问题

在传统金融业务模式下，数据保存在中心服务器上，由系统运营方保护数据隐私。区块链的数据是公开透明的，参与者都能够获得完整的数据备份。对于金融机构某些必须保密的业务场景中，区块链模式还过于简单，无法适应复杂金融业务的需要。

目前区块链在解决金融领域对数据隐私的需求问题上主要有三个方法。一是通过严格的成员准入机制，使得只有经过许可的成员才能接入区块链。二是将同态加密、环签名等密码学技术与区块链相结合，使得虽然全部数据都放在区块链上，但只有交易相关方能够解读与自己相关的关键数据。不过，目前各种密码学的隐私保护实现都有其局限性，密码学在区块链上的大规模应用仍处于早期阶段。三是将业务的敏感数据脱离区块链存放到其他系统中,而只将业务执行的结果及密码学特征码存放到区块链上作为存证。

（3）区块链的可编程能力

区块链的可编程的意义是通过预先设定的指令完成复杂的动作,并能通过判断外部条件做出反应。比特币区块链最先提供区块链的可编程能力,但是这种脚本的编程能力比较弱,并不能应用于复杂的金融场景。要实现区块链的灵活应用,必须为区块链增添更加强大的可编程能力,降低金融应用实现的难度。

（4）区块链的数据回滚机制

区块链由于要进行全网的数据同步,因此通过一个链式结构"封存"了历史交易,历史交易很难被篡改,但这也导致区块链交易一旦成功就很难被取消。在金融业务中交易取消是常态,如何实现区块链的数据回滚还需要进一步研究。虽然经过强制性的硬分叉可以将全网的账本的状态恢复到之前的某个时间点,实现对历史数据的回滚,但因为其涉及的范围太广,在实际的金融系统中并不现实。比较有现实可行性的数据回滚机制之一就是通过冲正交易机制的设计,将需要进行的修改叠加在历史数据之上。

（5）区块链的账户保护

目前,主流区块链平台都使用公私钥对来控制账户资金的访问权。用户的私钥通常是在用户本地生成,没有中心服务机构会存储相关私钥。用户的私钥一旦丢失,就可能彻底丧失资金的访问权。区块链要在金融领域得到更广泛的应用,就需要寻求更安全可靠的账户保护方案。

（6）跨链互操作性是一个难题

目前,在不同的区块链之间实现良好的互操作性是一个技术难点,但在现实应用中这样的场景广泛存在,比如,几个银行组成的联盟区块链之间可能会有与另一个联盟区块链交互的需要。就目前而言,还没有较为完善的跨链互操作性解决方案。

（7）区块链并不能适用所有金融应用场景

区块链技术的应用可以降低信任成本、提升效率。但是,区块链技术有其自身的局限性,在某些场合的应用可能需要牺牲效率来维护公共总账,无法取得较好的效益。

（三）对现有金融体系的影响

区块链技术在金融领域的应用对金融体系也造成了一定的影响和冲击,具体表现在以下几个方面。

1. 对基础设施的影响

国际支付结算体系委员会认为,基于区块链技术的数字货币将给金融市场基础设施带来很大的影响。区块链技术将对抵押担保以及各种金融资产的登记注册产生影响,从而会对大额支付系统、证券结算系统等产生潜在效应。基于区块链的智能合约使得在某些特定条件下自动完成支付,这可能会衍生出新的支付方式,将改变现在与净头寸和抵质押品相关的双边保证金和清算的规则。

2. 突出的消费者保护

区块链最大的应用是非主权的数字货币,但其内在价值如何完全取决于市场参与者对其的价值感知与预期,客观上造成比特币的价格波动大,购买并持有数字货币的市场风险也大,因此,比特币交易者和持有人的金融权益保护问题尤为突出。同时,比特币的欺诈风险更大。由于比特币被存储在数字钱包里,比特币被盗事件时有发生,这会给比特币持有人带来财产损失。

3. 更为分散的操作风险

区块链的终端用户都是系统的直接参与者,不需要银行等中间组织参与。区块链分布式总账机制的技术特点决定了由此产生的操作风险更为分散。这有可能减少某些特定的操作风险,但也增加了监管操作风险的难度,可能使中央银行的监管力量变得更为薄弱。

4. 法律风险突出

由于数字货币的支付是瞬间完成且不可撤销的,没有任何中间环节,也不存在发行主体,这有可能产生一些法律风险。比如在数字货币丢失或被盗的情况下,因找不到合适的法律主体,消费者保护难以实施。

5. 数字货币的支付机构可能产生一定的结算风险

在数字货币的支付系统中,交易确认,结算即完成,理论上不存在流动性风险而致结算风险,但提供数字货币技术服务的第三方服务商可能需要管理数字货币的流动性以及与主权货币兑换的风险,则会给数字货币的支付系统带来某种程度的结算风险。

6. 反洗钱问题

事实表明,数字货币的匿名性和假名性给洗钱和犯罪带来极大便利,也给中央银行履行反洗钱监管职责带来全新的挑战。

(四)对货币政策的影响

数字货币会加速货币流通,在一定程度上影响货币供应量的政策效用。同时,数字货币可能会影响银行准备金的需求供给与结构:数字货币可能对存款准备金产生替代效应,或因数字货币导致银行对结算头寸需求的减少;数字货币可能会影响中央银行资产负债规模与结构,影响程度取决于数字货币对法定货币的替代程度。

数字货币对铸币税的影响也值得注意:数字货币对纸钞的替代必然减少央行的非付息负债,央行倾向于替换付息负债,减小资产负债规模,导致央行铸币税收入的减少。央行对货币乘数的观察和测度是在事后使用广义货币和基础货币进行的推算,而不是实时监测所得。数字货币技术理论上赋予了央行观察金融账户的实时余额变动与货币形态迁移的能力,央行可以监测到货币流通速度和乘数的实时变化,为央行进行精准货币调控提供更多的决策支持。

(五)对系统风险的影响

伴随着云计算的发展,大规模 P2P 网络应用成为可能,这种具有破坏性的创新正在改变着世界经济图景,金融消费者行为也被改变,P2P 网络技术在金融领域的应用将使人们进入 P2P"自金融"时代。

"自金融"是基于信息与通信技术、加密算法、开源计算、时间戳和 P2P 网络,使得每个终端用户能够匿名地、去中介化地、安全地获得资产、支付和其他金融服务。"自金融"给现有的法律体系带来挑战:一是新形式的网络犯罪与金融诈骗;二是羊群行为和过度的市场集中产生的市场失灵及对实体经济潜在的灾难性影响;三是隐匿交易痕迹的洗钱与恐怖融资;四是具有泡沫动力学特征的风险,同一动力学在不同的网络结构上表现出不同的特性,相关免疫策略将明显不同。21 世纪以后,国际支付结算体系委员会认为金融链接在危机传播中起到渠道作用,除了通常说的"大而不倒",也出现"链接过多而不能倒"。因此,基于区块链的"自金融"既有泡沫动力学特征,也有"链接过多而不能倒"特征,两者叠加共振,风险可想而知。

第三节　大数据金融

一、大数据金融的内涵

大数据时代已经来临,大数据应用即指根据数据的多样性,在巨量信息中提取有价值的信息应用于各个领域,为各行各业的人提供定制化的服务。在各个行业中,金融业是严重依赖于数据的重要领域之一,而且最容易实现数据的变现。

(一)大数据的概念

大数据就是任何超过了一台计算机处理能力的庞大数据量。简单来说,大数据就是一个体量特别大、数据类别特别多的数据集,而且利用传统数据库工具无法对数据集内容进行抓取、管理和处理。

大数据从结构上,可以分为结构化数据、非结构化数据以及半结构化数据。结构化数据是可以用二维表结构来逻辑表达和实现的数据;非结构化数据是数据结构不规则或不完整,没有预定义的数据模型,不方便用数据库二维逻辑表来表现的数据,包括所有格式的办公文档、图片、各类报表、视频和音频信息等;半结构化数据指结构不规则的数据,比如 XML、HTMT 等文档。通常情况下,半结构化数据是自描述的,数据的结构和内容混在一起,没有明显的区分。

大数据具备以下几个特点。一是数据体量大,大数据是指规模一般在 10 TB 左右的大型数据集。在实际应用中,一些企业会把多个数据集放在一起形成 PB 级的数据量。二是数据类别丰富,数据来自多种数据源,冲破了以前所限定的结构化数据范畴,囊括了半结构化和非结构化数据,数据类型不仅包括文本形式,更多的是图片、视频、音频等多类型的数据。三是数据处理速度快,在数据量非常庞大的情况下,数据处理遵循"1秒定律",可以从各种类型的数据中快速获得高价值的信息。四是数据真实性高,社交数据、交易与应用数据等新数据源的兴起打破了传统数据源的局限,企业越发需要有效的信息以确保其真实性及安全性。

大数据的价值体现在从庞杂的数据中挖掘和分析用户的习惯,找出更符合用户消费偏好的产品和服务,同时结合用户的需求有针对性地调整和优化自身产品。

(二)大数据金融

大数据金融是利用大数据技术,突破、革新并发展传统金融理论、金融技术和金融模式的一种全球性趋势。大数据金融重塑了银行业、保险业、证券投资业等金融行业的核心领域,不仅推动了金融实务的持续创新,更催生了金融模式的深刻变革。与传统金融相比,大数据金融具备以下几个方面的特征。

1. 网络化呈现

在大数据金融时代,大量的金融产品和服务通过网络来展现。其中,移动网络将会成为大数据金融服务的主要通道。随着大数据技术的不断发展,以及法律、监管政策的不断完善,在未来,将会有更丰富的金融服务,如支付结算、网贷、众筹融资、现金管理、金融咨询等通过网络实现,金融实体店将大量减少,其功能也将逐渐转型。

2. 基于大数据的风险管理理念和工具

在大数据金融时代,风险管理理念和工具也将调整。比如在风险管理理念上,将降低财务分析、可抵押财产或其他保证的重要性。交易行为的真实性、信用的可信度通过数据的呈现方式将会更加重要。基于数据挖掘的客户识别和分类将成为风险管理的主要手段,动态、实时的监测将成为风险管理的常态性内容。

3. 信息不对称性大大降低

在大数据金融时代,消费者和金融产品和服务的提供者之间的信息不对称程度大大降低,消费者可实时获知某项金融产品和服务的相关信息。

4. 高效率性

高效率性是大数据金融的主要特征,许多流程和操作都是在线上发起和完成。同时,强大的数据分析能力可以大大提高金融业务的效率,交易成本也会大幅降低。

5. 低成本性

就金融企业而言,由于效率提升,其经营成本肯定随之降低。基于大数据技术,金融从业人员个体服务对象会更多。也就是说,金融企业从业人员会有减少的趋势。

6. 普惠金融

大数据金融的高效率性使金融服务更接地气。比如,普通消费者可以享受极小金额的理财服务、存款服务以及支付结算服务等,甚至极小金额的融资服务也会普遍发展起来。金融深化在大数据金融时代完全实现。

（三）大数据金融的模式

目前,大数据金融有平台金融和供应链金融两种模式。以大数据为基础,建立在传统产业链上下游的企业通过资金流、物流、信息流组成了供应链金融,建立在 B2B、B2C 或 C2C 基础上的现代产业通过在平台上凝聚的资金流、物流、信息流组成了平台金融。

1. 平台金融模式

平台金融模式是基于电商平台基础上的网上交易信息与网上支付形成的大数据金融,通过云计算和模型数据处理能力而形成信用或订单融资模式。与传统金融模式不同,阿里小贷等平台金融模式主要基于对电商平台的交易数据、社交网络用户信息和购物行为习惯等大数据,形成网络商户在电商平台中的累积信用数据,通过电商所构建的网络信用评级体系和金融风险计算模型及风险控制体系,批量、快速、高效地向网络商户发放订单贷款或者信用贷款。

2. 供应链金融模式

供应链金融模式是企业利用自身所处的产业链上下游,充分整合供应链资源和客户资源而形成的金融模式。京东商城就是供应链金融模式的典型代表,作为电商企业,京东并不直接开展贷款的发放工作,而是通过京东商城所累积的供应链上下游的大数据金融库,为其他金融机构提供融资信息与技术服务,把京东商城的供应链业务模式与其他金融机构链接,共同服务于京东商城的电商平台客户。在供应链金融模式当中,电商平台只提供大数据金融,不承担融资风险及防范风险等。

（四）大数据金融的优势

1. 交易成本低,客户群体大

以大数据为基础的资金融通是以大数据自动计算为主,成本低廉,不仅可以针对小微企业金融服务,也可以根据企业生产周期决定贷款期限。大数据金融不仅整合碎片化的需求和供给,也可以服务数以千万计的中小企业和中小客户,进一步拉低了大数据金融的运营与交易成本,边际成本低、效益好。

2. 放贷快捷

基于大数据的金融业务在任何时点都可以通过计算得出信用评分,并通过网上支付方式,实时根据贷款需要及其信用评分等大数据来放出贷款。由于是建立模型并根据每家企业的信用评分及不同生产流程进行放贷,大数据金融不受时空限制,能够较好地匹配期限管理,可针对不同企业的个性化融资要求,快速高效地做出相应的金融服务。

3. 风险管理和控制能力强

由于平台贷和供应链贷款都是在大数据金融库里闭环的产业上下游系统内部进行的,贷款方熟悉产业运作及风险点,掌控能力强,便于预警和防范风险。建立在大数据金融基础上的风控科学决策能有效降低不良贷款率。基于大数据金融的信息处理和数据模型优势,不仅可以替代风险管理、风险定价,甚至可以自动生成保险精算。

企业可以通过大数据金融创新商业模式和盈利模式，可以通过掌控大数据金融而获得在产业链中的核心地位。大数据金融带来的金融创新支持了数千万家中小企业的发展，促进了我国经济结构调整和转型升级。大数据金融战略是企业的战略选择，在产业和国家层面也成为战略抉择。

二、大数据在金融行业的应用

从投资结构来看，在金融类企业中，排在第一位的是银行，其次是证券和保险。大数据在金融行业的应用主要表现在银行、保险和证券方面。

（一）银行大数据应用

在国内，随着大数据技术的发展，不少银行已经尝试通过大数据来驱动业务运营，比如，中信银行信用卡中心使用大数据技术实现了实时营销，招商银行利用大数据发展小微贷款。总的来说，银行大数据应用表现在以下几个方面。

1.客户画像

客户画像应用主要分为个人客户画像和企业客户画像。个人客户画像包括消费能力数据、兴趣数据、风险偏好等，企业客户画像包括企业的生产、运营、财务、销售和相关产业链上下游等数据。其实，因为银行拥有的客户信息并不完整，所以通常基于银行自身拥有的数据难以得出理想的结果。比如，某位信用卡客户月均刷卡8次，平均每年打4次客服电话，从来没有投诉过，按照传统的数据分析，这是一位流失风险较低的客户。但是从该客户微博得来的消息却是：因为工资卡和信用卡不在同一家银行，还款不方便，打了多次客服电话都没接通，客户多次在微博上抱怨，综合以上信息，该客户是一位流失风险较高的客户。

因此，银行不仅要考虑银行自身业务所采集到的数据，更应整合外部更多的数据，以扩展对客户的了解。这些外部数据包括：客户在电商网站的交易数据，比如阿里金融为阿里巴巴用户提供无抵押贷款，用户只需要凭借过去的信用即可申请相应额度；企业所在产业链的上下游数据，如果银行掌握了企业所在产业链上下游的数据，就可以更好地掌握企业的发展情况，预测企业未来的状况；其他有利于扩展银行对客户兴趣爱好的数据，比如目前正在兴起的DMP（数据管理平台）互联网用户行为数据。

2.精准营销

银行在为客户精准画像的基础上，可以有效地开展精准营销。营销方式包括以下几个种类。

（1）实时营销

根据客户的实时状态来进行营销即为实时营销，比如根据客户最近一次消费等信息，可以有针对地进行营销。比如某客户使用信用卡采购过婴儿奶瓶，则可以通过建模推荐尿不湿等婴儿类业务；也可以将换工作、结婚等改变生活状态的事件视为营销机会。

（2）交叉营销

交叉营销即不同业务或产品的交叉推荐，比如银行可以根据用户交易记录分析结果来有效地识别小微企业客户，然后用远程银行来实施交叉销售。

（3）个性化推荐

银行可以根据客户的喜好提供服务和产品推荐，比如根据客户的年龄、理财偏好等对客户群进行精准定位，进而有针对性地营销推广。

（4）客户生命周期管理

客户生命周期管理包括新客户获取、客户防流失和客户赢回等。比如招商银行通过构建客户流失预警模型，对流失率等级前 20% 的客户发售高收益理财产品予以挽留，有效地降低了金卡和金葵花卡客户流失率。

3. 风险管控

风险管控包括中小企业贷款风险评估和欺诈交易识别等手段。

（1）中小企业贷款风险评估

银行可通过企业产品的销售、财务等相关信息，采用大数据技术进行贷款风险分析，量化企业的信用额度，更有效地进行中小企业贷款。

（2）实时欺诈交易识别和反洗钱分析

银行可以利用持卡人基本信息、交易历史、客户行为模式等，结合智能规则引擎进行实时的交易反欺诈分析。比如摩根大通银行利用大数据技术，追踪盗取客户账号或侵入 ATM 系统的罪犯。

4. 运营优化

银行运用大数据技术可以有效地进行运营优化，主要表现在以下几个方面。

（1）市场和渠道分析优化

通过大数据，银行可以监控不同市场推广渠道的质量，从而调整和优化合作渠道。也可以分析哪些渠道更适合推广哪些银行产品，优化渠道推广策略。

（2）产品和服务优化

银行可以将客户行为转化为信息流，从中分析客户的个性特征，更深刻地理解客户习惯，分析和预测客户需求，从而进行产品创新和服务优化。比如，兴业银行通过挖掘还款数据区分优质客户，提供差异化的金融产品和服务方式。

（3）舆情分析

银行可以抓取社区、论坛和微博上关于银行产品和服务的相关信息，进行正负面判断，尤其是及时掌握银行产品和服务的负面信息，及时发现和处理问题。对于正面信息，可以继续强化。银行也可以抓取其他银行正负面信息，了解并借鉴同行做得好的方面，优化自身业务。

（二）保险行业大数据应用

在传统保险业务中，业务开拓的关键因素是个人代理渠道、代理人素质及人际关系网。随着互联网、移动互联网以及大数据的发展，网络营销、移动营销的作用将会日趋显现，保险公司逐渐意识到大数据在保险行业中的作用。保险行业的大数据应用可以分为以下几个方面。

1. 客户细分和精细化营销

（1）客户细分及提供差异化服务

风险偏好是确定保险需求的关键，风险偏好不同的人，对于保险需求的态度也不同。通常情况下，风险厌恶者有更大的保险需求。对客户进行有效的细分时，除了根据风险偏好数据，还要结合客户职业、家庭结构、消费方式等偏好数据，利用机器学习算法对客户进行分类，针对不同的客户提供不同的产品和服务。

（2）潜在客户挖掘及流失用户预测

保险公司可通过大数据整合客户的相关行为，通过数据挖掘对潜在客户进行分类，细化销售重点。通过大数据挖掘，综合考虑客户的信息、险种信息、历史出险情况等，筛选影响客户退保或续期的关键因素，预测客户的退保概率或续期概率，对高风险流失客户及时预警，并及时制定挽留策略。

（3）客户关联销售

保险公司通过关联规则可以找出最佳险种销售组合，从而建立既有保户再销售清单与规则，促进保单的销售。运用大数据技术，保险业可以直接锁定客户需求。以淘宝运费险为例，用户运费险索赔率在 50% 以上，保险公司的利润只有 5% 左右，但是很多保险公司都愿意提供这种保险。因为客户购买运费险后，保险公司就可以获得该客户的个人基本信息，了解客户购买的产品信息，从而实现精准推送。比如客户的退货是婴儿奶粉，使用关联规则，就可以向客户推荐儿童疾病险、教育险等利润率更高的产品。

（4）客户精准营销

保险公司可以通过收集互联网用户的各类数据，比如购物行为、浏览行为等行为数据，以及兴趣爱好、人脉关系等社交数据，进行定向广告推送，实现精准营销。

2. 欺诈行为分析

根据企业内外部交易和历史数据，预测和分析欺诈等非法行为。

（1）医疗保险欺诈与滥用分析

通常情况下，医疗保险欺诈与滥用分为两种：一是保险欺诈；二是医疗保险滥用，即在保额限度内重复就医、浮报理赔金额等。保险公司利用历史数据，找出影响保险欺诈的因素及这些因素的取值区间，并建立预测模型，快速将理赔案件依照滥用欺诈可能性进行分类处理。

（2）车险欺诈分析

保险公司利用历史欺诈事件建立预测模型，将理赔申请分级处理，可以有效地解决车险欺诈问题。

3. 精细化运营

（1）产品优化，保单个性化

在传统保险业务中，没有精细化的数据分析和挖掘的情况下，保险公司把很多客户都放在同一风险水平，客户保单不能完全解决客户的各种风险问题。运用大数据技术，保险公司可以解决现有的风险控制问题，为客户制定个性化的保单，获得更准确、更高利润率的保单模型，给客户提供个性化的解决方案。

（2）运营分析

基于企业的数据分析，借助大数据平台，可以统计和预测企业经营和管理绩效。基于保险保单和客户交互数据进行建模，借助大数据平台，可以分析和预测新的市场风险、操作风险等。

（3）代理人甄选

根据代理人员业绩数据、性别、年龄、其他保险公司经验等信息，找出销售业绩相对最好的销售人员的特征，优选高潜力销售人员。

（三）证券大数据应用

在大数据时代，券商们已经意识到大数据的重要性。与银行和保险行业相比，证券行业对于大数据的研究与应用还处于起步阶段。证券行业的大数据具有高维度、动态以及强随机性等不确定特征，且多数为非结构化数据。大数据技术在证券行业的应用从"初步提取"到"深度挖掘"还有漫长的路需要探索。目前国内外证券行业的大数据应用大致表现在以下几个方面。

1. 零售业务

证券公司的基础业务就是零售业务，运用大数据技术实现零售业务的数字化运营，对提高客户服务的效率及质量非常重要。证券公司对大数据应用的能力与其业务规模息息相关。证券公司可以运用大数据技术特点进行"去中心化"的分布式管理。在这套管理体系下，可以采用数字化的工具为员工提供精良的装备，借助制度与技术的力量，实现整个生态系统的自我纠偏和完善。

以广发证券的分布式管理体系为例，广发证券的"金钥匙"是任务分发平台，公司的互联网终端收集客户的需求，经过"金钥匙"平台的算法分析后分派到全国各地的理财顾问，对业务进行管理和优化。同时，广发证券根据公司内多平台数据资源自主开发了"经营驾驶舱"平台，可以提取与业务经营相关的信息，根据各级工作人员具体的需求，为其提供不同的数据支持。通过应用大数据技术，可以有效提升公司各级管理的运营效率，大幅提升客户的服务质量。

2. 资产管理业务

互联网时代，信息的多样化对市场的影响日益紧密，基于互联网文本数据与传统数据相结合进行投资的金融产品也得到广大投资者的认可。应用大数据技术，结合传统投资模型，推出大数据基金产品，为投资者提供新的选择。随着深度学习等人工智能技术的日趋成熟，逐渐兴起了基于大数据以及人工智能算法的量化投资。这类基于大数据技术与人工智能算法的投资策略拓宽了信息获取源，提升了信息的分析深度与广度，是对传统策略的有力补充。

随着资本市场数据规模的提升以及大数据技术的逐渐成熟，投资者将更加依赖大数据分析结果辅助决策。可以说，投资管理已成为大数据技术的下一个目标。

3. 提高中后台工作效率

对证券市场来说，日益丰富的投资品种以及不断扩充的成交规模使得交易、结算等中后台业务所需应对的数据规模也快速扩张，引入相关技术应对大数据则可以大幅提升工作效率。在交易领域，运用大数据技术搭建算法交易平台，能够高效地完成各种交易指令，降低交易误差，也能够为客户带来更丰富的投资机会。在结算领域，大数据技术的应用能够为结算工作提供更快的响应速度以及更准确的匹配结果，从而确保结算业务高效、安全地运作。

与大数据在互联网行业的应用相比，大数据在金融行业的应用起步比较晚，其应用深度和广度还有很大的扩展空间。大数据在金融行业的应用有许多问题需要解决，比如银行企业内各业务的数据孤岛效应严重、大数据人才缺乏以及缺乏银行之外的外部数据的整合等问题。不过，随着金融行业对大数据渴望和重视程度的增加，未来在互联网和移动互联网的驱动下，金融行业的大数据应用将迎来突破性发展。

第四节　云计算金融

一、云计算在金融业中的应用

大数据技术的快速发展可以驱动各行业信息化转型升级。云计算作为大数据的基础性支撑技术，其行业应用愈加广泛。在金融行业中，金融机构产生的数据体量越来越大，数据维度和复杂度呈指数型增长，其信息化管理水平、数据能力及业务创新等均需依赖云平台应用。目前云计算技术正在与金融行业快速结合，在金融行业内快速发展。

（一）云计算的内涵

云计算并没有用到新的技术，云计算所用的虚拟化技术、网络技术、存储技术在十几年前就已经很成熟了。云计算是一种将 IT 资源作为一种服务去售卖的新商业模式，而不是技术上的创新。

有人认为云计算出现的意义与我们现在看到的"共享单车"的意义是一样的。就如我们不用买自行车，而是按需付费，随时随地即时获取。

对于云计算的定义并没有确切的概念。现阶段广为接受的是美国国家标准与技术研究院关于云计算的定义：云计算是一种按使用量付费的模式，这种模式提供可用的、便捷的、按需的网络访问，进入可配置的计算资源共享池，这些资源能够被快速提供，只需投入很少的管理工作，或与服务供应商进行很少的交互。

云计算的优势主要表现在以下两个方面。

1. 用户可以随时随地访问、处理以及共享信息

云计算的发展趋势是降低用户对客户端的依赖，将所有的操作都转移到互联网上来。在云计算出现之前，用户为了完成某项特定的任务，往往需要某个特定的客户端软件，在自己的本地计算机上来完成，这种模式最大的弊端是不方便信息共享。比如，一个小团队需要几个成员共同完成一个任务，传统模式是每个成员在自己计算机上处理信息，然后再将分散文件通过邮件或者U盘等形式和同事进行信息共享，如果某个团队成员需要修改某个内容，需要反复和同事共享信息，效率十分低下。

有了云计算之后，团队成员就可以把所有的任务都搬到互联网上，团队成员通过浏览器就能访问到那份共同起草的文件，这样，如果一个成员修改了某个内容，其他成员只需刷新一下页面就可以看到被修改的文件。相对于传统客户端，这样的信息共享技术就显得非常便捷。因为这些文件都是统一存放在服务器上，成千上万的服务器会形成一个服务器集群，也就是大型数据中心，这些数据中心之间采用高速光纤网络连接。

云计算就如天上飘着的一朵朵云，他们之间通过互联网连接。所以我们可以说，我们把数据存放到了云端。

我们把很多数据都存放到了云端，很多服务也都转移到了互联网上，只要有网络连接，我们就能够随时随地地访问信息、处理信息和共享信息。

2. 降低运营成本，避免资源浪费

就如我们可以付费享受自来水公司的服务，这样就不需要在自家院子里打井取水一样，云计算的好处就是让全社会的计算资源得到最有效的利用，尽可能降低个人和公司计算资源的成本。

比如某个正常运转的中型网站就需要几百台的服务器。在云计算出现之前，公司需要自己订购服务器，租用服务器中心，在服务器上安装各种操作系统，还要雇用网络管理和运维人员，造成了很高的运行成本。而有了云计算后，公司只需要租用云服务公司提供的计算资源，就能大大地降低运营成本。在云计算背景下，公司只用考虑业务问题，把技术问题交给更专业和效率更高的云端服务公司，这是一种双赢。

云计算的数据中心给这些中小型公司提供计算服务，以最大程度地利用计算资源，避免了资源的浪费。

（二）云金融的发展趋势

所谓云金融，就是指基于云计算商业模式应用的金融产品、信息、服务、用户、各类机构

以及金融云服务平台的总称。从技术上讲,云金融就是利用云计算机系统模型,将金融机构的数据中心与客户端分散到云里,从而达到提高自身系统运算能力、数据处理能力,改善客户体验评价,降低运营成本的目的。

随着金融行业"互联网+"战略实施的快速深入,对其业务及运维系统提出了严峻挑战,为此金融机构开始高度关注分布式云计算架构下IT的发展与应用部署。金融行业IT系统应用历史包袱较重,金融行业IT系统迁移分布式架构需要逐步进行。通常情况下,金融机构使用云计算技术先从外围系统逐步开始,然后逐步迁移实施。另外,金融机构优先考虑使用云计算技术建设互联网金融系统,主要因为互联网金融的业务系统需要新建,历史包袱相对较轻。

在国际上,金融科技公司不断崛起,它们以云计算为依托,同时也借助大数据技术以及人工智能技术,这些技术不仅改变了金融机构的IT架构,也使得金融机构能够随时随地访问客户,为客户提供了方便的服务,改变了金融行业的服务模式和行业格局。目前,这些金融科技公司对云计算的应用多在于支持比如提升网点营业厅的生产力、客户分析或客户关系管理平台等非关键业务,在支付方面、零售银行以及资金管理等核心业务系统并没有使用云计算。

在国内,从政策层面来说,随着国家高度重视金融行业的云发展,金融行业"互联网+"步伐在不断加快。国务院颁布了《关于积极推进"互联网+"行动的指导意见》,明确指出互联网+普惠金融是推进方向,鼓励金融机构利用云计算、大数据等技术手段加快金融产品和服务创新。

(三)云计算在金融行业的落地方式

目前,国内金融行业对于应用云计算技术采取了两种模式:私有云和行业云。技术实力和经济基础比较强的大型金融机构偏向于私有云的部署方式,它们可以将一些核心业务系统部署到私有云上。通常采用购买硬件产品、自建基础设施解决方案方式搭建,在生产过程中实施外包驻场运维、自主运维或自动运维方式。对于一些中小型银行来说,因为它们经济实力较弱,技术能力也偏弱,所以通常采取行业云的方式。所谓行业云,就是不同的金融机构通过基础设施领域的合作以及资源等方面的共享,在金融行业内形成技术公共服务,包括公共基础设施、公共接口、公共应用等。行业云主要用于对金融机构外部客户的数据处理服务,或为一定区域内金融机构提供资源共享服务。

例如,邮储银行是私有云模式,它们把核心业务首先部署到私有云上,从而满足对开放性、稳定性、灵活性以及安全性等方面的需求;兴业数金是一个典型的行业云,主要为中小银行和非银行金融机构提供金融行业云服务,率先将云计算技术用于生产系统,将云计算技术推向金融行业云的维度;瑞银银行是国外的一个金融机构,其利用云计算完成数字化转型,采取了混合云的方式,它们在日常业务处理中使用的是瑞银数据中心平台,但是当峰值到来时,就将负载导入公有云平台,利用公有云计算资源完成风险计算工作。

二、云金融面临的问题和挑战

金融行业应用云计算所面临的问题主要出现在两方面：一是相关监管合规要求不明确，传统金融机构 IT 系统无法适应现有云计算计算架构，如果仍然使用原来的监管要求约束现在的云计算系统，就会导致由于数据隔离的问题而不能满足监管要求，应该倡导相关的监管机构调整对云计算架构的合规要求；二是银行采用云计算的试错风险比较高，金融行业对 IT 系统稳定性要求特别高，对事故是零容忍，一旦出现宕机，就会对人民的生产生活造成比较严重的影响，所以金融机构迁移系统比较谨慎，不会一步将原来的系统迁移到云上。云计算在金融行业应用处于起步阶段，很多问题都需要云计算服务商探索解决。

目前，金融行业用户使用云计算技术过程中，融合架构管理是比较重要的方面。金融行业使用云计算是从外围系统到核心系统的逐步迁移，原来依赖于传统集中式 IT 架构的金融机构，在未来在很长一段时间内将处于集中式与分布式两种架构并存的状态。对于金融机构来说，最大的挑战就是如何管理好融合式架构。金融机构应该建立相应的研究，做好分布式架构的规划和实施。

金融行业使用云计算的可行性分析以及实施路径规划也需要进一步研究。目前，金融行业使用云计算多用于开发环境，关键系统并没有迁移到云上，这让云计算的效率大打折扣，因此应该鼓励金融行业逐步将核心系统迁移到云上。

另外，金融行业希望能针对云计算产品和服务建立专门的评估方法。现在市场上金融行业的云计算产品和服务五花八门，没有针对金融行业专门的评估，所以金融机构比较关注计算产品和服务的评估标准，希望有第三方组织帮助他们做一些评估工作，从而规避转型中可能出现的一些风险。

第 四 章　众筹融资

第一节　众筹融资基础

一、众筹的内涵

（一）众筹的概念

众筹（crowdfunding），即大众筹资，本意指用"团购＋预购"的形式，向网友募集项目资金的模式。当代互联网众筹是指由项目发起人利用互联网和 SNS（社交网络服务）传播的特性，发动公众的力量，集中公众的资金、能力和渠道，为小微企业、艺术家或其他个人进行某个项目或创办企业提供必要的资金援助。众筹项目种类繁多，不仅包括新产品研发、新公司成立等商业项目，还包括科学研究、民生工程、赈灾、艺术设计等项目。只要是网友喜欢的项目，都可以通过众筹方式获得项目启动的第一笔资金，或者获得项目发展的第一批"粉丝"用户。

和传统融资方式相比，众筹的精髓就在于小额和大量，其融资门槛低，且不再以是否拥有商业价值作为唯一的评判标准，为创业公司的融资开辟了一条新的途径。从此，初创企业的融资渠道不再局限于银行、私人股权投资和风险投资，为更多小本经营者或创作人提供了无限的可能。

（二）众筹的特点

1. 低门槛

不论身份、地位、职业、年龄、性别，只要有想法、有创造能力的个人或企业都可以发起项目。

2. 多样性

众筹的方向具有多样性，在国内的众筹网站上，项目类别包括设计、科技、音乐、影视、食品、漫画、出版、游戏、摄影等。

3. 依靠大众力量

支持者通常是普通的民众，而非公司、企业或是风险投资人。

4. 注重创意

发起人必须先将自己的创意（设计图、成品、策划等）达到可展示的程度，才能通过平台的审核，而不仅仅是一个概念或者一个点子，要有可操作性。

（三）众筹的构成

众筹由三部分构成。

发起人：又称项目所有者、项目创建者、筹资者，是指有产品、有创意或设想但缺乏资金的人。

支持者：又称项目支持者、投资者、捐赠者、出资人，是指对项目发起人的项目和回报感兴趣并给予资金支持的人。

众筹平台：连接发起人和支持者并为双方提供服务的互联网终端，是众筹的核心。

（四）众筹的流程

第一，项目发起人在众筹平台发起申请，为融资项目制作宣传资料，制定融资金额、进度等目标。

第二，众筹平台对众筹计划进行审查并筛选，以保证项目质量，控制风险。

第三，审核通过后，众筹平台展示项目，并积极发挥发起人与投资者之间的沟通桥梁作用，吸引潜在投资者，促成项目融资成功。

第四，如在规定时间内达到融资目标，则融资成功，项目发起人获得融资款项；反之，众筹平台会将融到的资金退还给投资者，项目停止。

第五，融资成功后，项目进入实施阶段，发起人向投资者兑现之前所承诺的回报。

以上是一般众筹平台的操作流程，部分众筹平台在某些环节上会有所不同。但是无论是何种类型的众筹网站，贯穿整个筹资过程中的一个重要环节是相同的，那就是项目发起人和投资者之间的交流，这种交流既是项目的介绍，也是吸引潜在投资者了解并接受项目的宣传过程。这对项目能否融资成功至关重要。

二、众筹的模式

（一）众筹模式的分类

根据众筹融资的法律关系及回报内容，理论上可以将其分为两大类：股权众筹和非股权众筹。

1. 股权众筹

即项目发起人给予投资人一定的公司股份作为回报，投资者能否获取收益取决于公司的实际经营情况。如澳大利亚的 ASSOB、英国的 Crowdcube 等，都是目前世界上比较著名的股权众筹网站。

2. 非股权众筹

即项目发起人给予投资人具体的实物作为回报,回报内容大致包括项目最终产品、项目附属品及鸣谢三大类,所以非股权众筹也叫商品众筹,如美国的 Kickstarter、我国的点名时间等网站。就我国目前的众筹类型来看,非股权众筹主要有商品众筹(如淘宝众筹)、债权众筹(如万科众筹)、公益众筹(如腾讯乐捐)和综合众筹(如京东众筹)。

鉴于我国相关金融法律法规和政策规定,我国的众筹基本采用非股权众筹模式,即设定的回报不涉及股权、债权、分红、利息等形式,而是以相应的实物、服务或者媒体内容等作为回报,从商业模式上看,非股权众筹更像是商品的预购或团购。但也有少部分众筹网站从我国法律环境出发,小心翼翼地进行着疑似股权众筹的尝试和探索,如天使汇等。

(二)众筹的盈利模式

任何机构要想持续发展,必须有稳定的收入来源。

在世界范围内,对众筹网站的盈利模式还没有一个清晰的划分,还处于摸索阶段。从国外成功实现盈利的几家网站来看,盈利来源一般有以下三种类型:交易手续费、增值服务费、营销推广费。

1. 交易手续费

即网站对所提供的服务收费,这是目前众筹网站的主要收入来源,一般按照筹资金额的特定比例来收取,普遍是融资总额的 5% 左右。

2. 增值服务费

主要指对筹资者进行合同、文书、法律、财务等方面的指导工作而收取的费用,筹资者可以把融资的所有事项都外包给众筹平台处理,而众筹平台会收取相应的费用。

3. 营销推广费

这也是部分众筹平台的收入来源,包括合作营销、广告推广等费用。这部分费用只有少部分众筹网站在采用。

国内大部分众筹网站也是把交易手续费作为主要收入来源,但远未实现盈利。不过,所有这些众筹平台都有一个共同的信念:盈利不是第一要务,最重要的是先培育市场。

第二节　股权与非股权众筹

一、股权众筹

(一)股权众筹的概念和特征

1. 股权众筹的概念

股权众筹是指融资企业出让一定比例的股份给普通投资者,投资者通过出资入股该企业获得收益。这种基于互联网渠道而进行融资的模式被称作股权众筹。另一种解释是：股权众筹是私募股权互联网化。

2. 股权众筹的特征

股权众筹的主要特征有以下几方面。

（1）融资企业具有高成长特性

进行股权众筹的融资企业一般具有高新技术背景，市场成长预期空间较大。

（2）低门槛

融资企业只要符合现代公司管理制度，自主拥有融资项目并能转让股权，即可进行股权众筹；普通投资者只要达到股权众筹的最低投资门槛就可以进行股权投资，在我国，股权众筹平台投资一般要求最低 2.5 万元。

（3）回报周期长

股权众筹企业投资回报周期长，投资后要退出至少需要一年时间。

（4）流动性差

投资者投资后，股权众筹也不存在公开的交易市场，退出渠道很少，所以流动性很差。

（5）高风险

股权众筹企业一般是初创企业，虽然具有高成长性，但是企业的成长过程仍存在诸多不确定因素，创业随时都面临失败的可能，投资面临很高的风险。

3. 股权众筹的流程

第一，投资者选择股权众筹平台，注册会员。股权众筹平台的选择对于投资者来说至关重要，直接关系到投资的成功与否、风险大小。

第二，投资者登录股权众筹平台，浏览自己感兴趣的众筹项目，并进行认真研究。投资者在研究的过程中应重点关注项目创意、市场前景、财务预测、发起人简历、融资方案、最低投资额、收益分配机制、退出机制、项目主要风险点等内容。

第三，投资者就自己有意向的项目约谈项目方，预约认购项目份额。

第四，投资者参加项目路演。

第五，投资者根据了解到的项目综合情况，结合自身的风险承受能力，进行投资决策。

第六，投资者在线认购投资项目，完成款项的支付。需要注意的是，有许多优秀项目在上线的第一天就已经完成融资目标，比如人人投上线的桃花源记项目在 13 秒内就被投资者抢购一空，因此，对已看好的项目可尽早进行认购，防止被抢购造成认购失败。

第七，签订投资协议或退还认购资金。等项目融资结束，若融资成功，则投资者可在股权众筹平台的协助下完成项目公司成立或股份转让，签订投资协议和投后管理协议等。

第八，投资者投资后应经常关注项目的进展情况，可通过项目股东 QQ 群等方式保持与项目方的沟通联络，等项目分红后可查看项目分红情况。

（二）股权众筹的运营模式

1. 根据投资方式划分的股权众筹运营模式

（1）直接股权投资

直接股权投资指筹资人在股权众筹平台上创建项目，发起融资需求，投资者根据自己的商业判断、兴趣爱好等因素，认可筹资人的项目理念后，通过股权众筹平台投入相应资金，与其他投资者就该项目共同成立一个新商事主体，从而每个投资者都成为原始股东的股权众筹方式。这种股权众筹方式适用于尚未成立商事主体的情况，能否成功融资的关键在于发起人（筹资人）拟创建的项目理念能否吸引线上潜在投资者。这种方式虽然不属于公开发行股票，但仍受限于《中华人民共和国公司法》关于股份有限公司的股东人数不能超过 200 人、有限责任公司的股东人数不得超过 50 人的规定，且在股东分散、人数众多的情况下还面临决策效率低下等问题。

（2）基金间接股东模式

投资者直接在股权众筹平台上浏览可投资项目，然后挑选认为有潜力的项目进行投资，资金并不经过股权众筹平台，而是转入一家风投基金，由风投基金把所有投资人募集的资金注入项目公司，投资者是股权众筹平台中项目个股的基金持有者，基金的面值和项目公司的股票价值是等值的。在这种融资模式中，投资者是项目公司的间接股东，其所有投票权被基金公司代理，投资者对融资项目公司基本上没有影响力。

（3）"线上＋线下"两段式投资

对于已经成立并运营的企业来说，由于《中华人民共和国证券法》明确规定，向"不特定对象发行证券"以及"向特定对象发行证券累计超过 200 人"的行为属于公开发行证券，必须通过证监会核准，由证券公司承销。这些规定限定了中小企业股权众筹的投资者数量，而中小投资者能提供的资金量都不是很大，项目所能募集到的资金就会非常有限，这将使很多项目无法进行下去。

为了突破股东人数的限制，筹得足够的项目资金，而不触及《中华人民共和国公司法》和《中华人民共和国证券法》的红线，目前国内股权众筹平台普遍采用的手段是"线上＋线下"两段式操作。即在线上展示项目信息，与潜在投资人达成意向后，操作转入线下。另外，很多零散资金则以股权代持的方式汇聚在潜在投资人名下，股份的转让以增资扩股的方式，由企业和潜在投资人直接协调。代持人因为有记名股权凭证，其权益可以得到保障，可是对于被代持人而言，由于是隐名股东，没有记名股权凭证，一旦出现风险，往往会遭受损失。

2. 根据我国政策划分的股权众筹运营模式

（1）凭证式众筹

凭证式众筹主要是指在互联网上通过卖凭证和股权捆绑的形式来进行募资，投资人付出资金取得相关凭证，该凭证又直接与融资企业或项目的股权挂钩，但投资者不成为股东。

（2）会籍式众筹

会籍式众筹主要是指在互联网上通过熟人介绍，投资人付出资金，直接成为融资企业的股东。

（3）天使式众筹

与凭证式、会籍式众筹不同，天使式众筹更接近天使投资或风险投资（venture capital，VC）的模式，投资人通过互联网寻找融资企业或项目，付出资金后直接或间接成为该公司的股东，同时，投资人往往伴有明确的财务回报要求。

（三）股权众筹投资风险

1. 股权投资活动的固有风险

第一，盈利能力风险。

第二，众筹资金监控问题。

第三，大股东利用控股地位侵害小股东权益。

第四，股东退出机制不畅。

2. 众筹操作模式的特定风险

第一，有限合伙制限制投资者主张权利。

第二，领投"陷阱"。

3. 股权众筹的法律风险

（1）触及"公开发行证券"或"非法集资"红线的风险

股权众筹的发展冲击了传统的"公募"与"私募"界限的划分，使得传统的线下筹资活动转为线上，单纯的线下私募也会转为"网络私募"，从而涉足传统"公募"的领域。在互联网金融发展的时代背景下，"公募"与"私募"的界限逐渐模糊，使得股权众筹的发展也开始触及法律的红线。

（2）存在投资合同欺诈的风险

股权众筹实际上就是投资者与融资者之间签订的投资合同，众筹平台作为第三者，更多的是起居间作用。我国的股权众筹多采用"领投＋跟投"的投资方式，由具有成熟投资经验的专业投资人作为领投人，普通投资人针对领投人所选中的项目跟进投资。但是，如果领投人与融资人之间存在某种利益关系，便很容易产生道德风险问题，如领投人带领众多跟投人向融资人提供融资，若融资人获取大量融资款后便存在极大的逃匿可能或以投资失败等借口让跟投人吞下"苦果"。

（3）股权众筹平台权利与义务模糊

从股权众筹平台与投融资双方的服务协议可以看出，股权众筹平台除居间功能之外，还有管理监督交易的职能，并且股权众筹平台要求投融资双方订立的格式合同所规定的权利与义务也存在不对等。因此，需进一步厘清股权众筹平台与用户之间的关系，并在双方之间设定符合《中华人民共和国公司法》的权利与义务关系。

二、非股权众筹

非股权众筹主要表现为产品预售,通过项目发起人在互联网平台上的介绍,得到支持者的资金,回报方式多为融资项目制作的产品、书籍、唱片等。非股权众筹作为众筹模式的主力军,给互联网公司带来了许多机遇。

(一)非股权众筹的概念和特征

1.非股权众筹的概念

非股权众筹即项目发起人给予投资人具体的实物作为回报,不涉及股份、分红、债权、利息等。非股权众筹模式是一种新兴的、有别于传统金融的融资方式。它借助于互联网的开放、公开、灵活、便捷等特点,依托信息平台和社交网络,帮助项目发起人迅速把握市场脉搏,赢得目标客户群,筹集到项目启动资金,满足了创意经济、小微经济融资的需要。

2.非股权众筹的特征

(1)开放性

不论身份、职业、年龄、性别,只要有创意、有创造能力,都可以作为项目发起人。无论是否有投资经验、出资金额多少,只要对创意感兴趣,都可以为项目投资。众筹模式为普通民众提供了直接参与金融市场的渠道,缓解了资本市场资金紧缺而民间资本投资无门的问题。

(2)额度小

首先是单笔融资规模较小,从数百元开始,大多在1万~10万元的规模,远远低于传统融资机构动辄百万、千万元的规模。其次是投资人大多数是普通民众,个人支持的资金从几元到几千元不等,但是"一人拾柴火不旺,众人拾柴火焰高",聚少成多。

(3)风险低

传统融资模式下,投资者数量少,单笔投资金额高,风险也相对集中。众筹模式的核心思想体现为"大众",通过互联网平台的无界性,可以在短时间内聚集数量庞大的参与者,而每位投资人的投资额度可以很低,相对较为分散,有利于降低融资风险。

(4)效率高

相对于传统渠道来说,众筹融资手续简便。细节完善、可操作性强的项目一经众筹网站发布,就很容易获得投资者关注并融资成功,融资效率大大高于传统渠道。

(5)社交化

众筹融资其实是发动网络上的"陌生人"参与项目的投资,正是借助互联网的社交属性,让互不相识的投融资双方在众筹平台上进行交流互动,了解项目的创新性和可行性,从而促成融资。众筹平台的网络社交影响力决定了众筹项目的成功率。

(二)非股权众筹的运营模式

非股权众筹的运营模式可以细分为以下三大类。

1. 按照其是否营利分类

（1）捐赠模式

捐赠模式即单纯的赠予行为，项目发起人无须向投资者提供任何形式的回报。投资者更多的是考虑项目带来的心理满足感。目前，很多非政府组织（NGO）都采用这种模式为特定项目吸引募捐，募集金额相对来说较小，项目包括教育、社团、健康、环境、社会等方面。

（2）奖励模式或事前销售模式

在项目完成后给予投资人一定形式的回馈品或纪念品，回馈品大多是项目完成后的产品，时常基于投资人对于项目产品的优惠券和预售优先权。

2. 按照筹资方式分类

（1）固定模式

筹款结束时，如果所筹得的资金达到融资目标，则项目发起人可以获得筹资。否则，所有资金退回投资者，项目发起人不能获得筹资。

（2）灵活模式

筹资结束时，无论是否达到融资目标，项目发起人都可以获得已筹资金。

（3）混合模式

项目发起人发起融资计划时，可以选择以固定模式或者灵活模式中的一种方式筹资。

3. 按照面向领域分类

（1）综合类

支持多元化项目的筹资申请，涉及面广泛。如 Kickstarter，按项目内容可以分为音乐、影视、艺术、出版、戏剧、游戏、设计、视频、漫画、摄影、时尚、舞蹈和技术 1 三个大类，是一家典型的综合类众筹网站。国内的众筹网、点名时间也是支持各类项目的综合类网站。

（2）垂直（专业）类

支持某一特定领域项目的筹资申请，比较专一，富有行业特色。如 ArtistShare、Sellaband 主要面向音乐领域；ZaoZao 主要面向时尚设计领域，时尚爱好者是网站的目标客户；Venture Heath、Medsatrt 等专门面向医疗领域；淘梦网主要面向微电影领域。这些都是典型的垂直类众筹网站。

第三节　众筹风险分析

一、非股权众筹的风险分析

（一）资金管理风险

非股权众筹主要体现为一种类似预购的行为，从项目发起到项目支持，流程比较简单，因此比较容易得到快速发展。尽管如此，我国在发展非股权众筹上还是存在一些风险。大多数平台没有采取第三方机构托管平台资金。

目前，我国大多数众筹平台的支付方式一般是由项目支持者把资金打到众筹平台的专用账户，如果项目筹资成功，由众筹平台直接把相应款项一次拨付或分批拨付到项目发起人的资金账户；如果项目筹资失败，众筹平台负责把募集的资金退还给项目支持者。在这种资金管理模式下，众筹平台和项目支持者的资金并没有进行风险隔离，存在擅建"资金池"和"非法挪用"筹集资金的风险。

（二）信任风险

目前，由于我国公民的信用体系建设滞后，陌生人之间的信用度存在严重的信息不对称，不法分子有可能利用众筹项目进行金融诈骗。同时，滞后的信用体系容易使众筹平台上的创意项目的真实性遭到怀疑，这就会导致好的项目的支持率偏低，打击众筹业务的发展。

（三）项目存在知识产权保护的风险

项目发起人为了筹资成功，需要通过互联网把项目最大限度地展示给公众，互联网的开放性和即时性特征使项目信息迅速传播，一旦项目受到热捧，就会被迅速模仿并大量生产，这使项目发起人的知识产权无法得到有效保护。

二、非股权众筹的风险防范措施

（一）众筹平台做好风险提示和信息披露

众筹平台必须在其网站上详细介绍项目的运作流程和标准，特别是在显著位置向出资人提示可能存在的法律风险，明确各方的法律责任和义务以及发生争议时的处理办法。

（二）保障资金安全

保障资金安全和对项目进行有序管理，既是众筹平台的应尽义务，也是防范法律风险的重要手段，众筹平台应当引入第三方资金托管，隔离平台自身与资金运行风险。众筹平台对涉及资金的环节，如向公众筹款、扣除一定比例的服务费、向项目发起人拨款或退回公众的预付款等，要严格管理、加强自律，还需要引入外部监督机制。

（三）政府尽快完善法律监管

众筹商业模式是一种涉及许多人的投资活动，属于比较松散的合伙关系，发生纠纷的概率很高，而且通过网络构建的信任基础比较薄弱，一旦出现项目失败，资金又难以返还，就可能引发激烈矛盾。这要求众筹平台积极与政府主管部门沟通，取得相应的政策指导、法律监管或进行项目备案，化解在法律模糊地带的法律风险。

三、股权众筹的风险分析

股权众筹由于其极强的金融属性，相对于非股权众筹来说，面临的风险不但多，而且复杂。

（一）非法集资的风险

根据《最高人民法院关于审理非法集资刑事案件具体应用法律若干问题的解释》规定，非法集资应当同时满足四个条件：未经有关部门依法批准或者借用合法经营的形式吸收资金；通过媒体、推介会、传单、手机短信等途径向社会公开宣传；承诺在一定期限内以货币、实物、股权等方式还本付息或者给付回报；向社会公众即社会不特定对象吸收资金。从形式上看，股权众筹融资模式未获得法律上的认可，通过互联网向社会公开推介，以股权方式回报出资者，且均公开面对社会公众，所以，单从这一条法律解释来讲，股权众筹融资模式与非法集资的构成要件相吻合。但是，除了要考虑股权众筹融资是否符合"非法集资"的形式要件，还要深入考察股权众筹融资是否符合对"非法集资"犯罪定性的实质要件。

《最高人民法院关于审理非法集资刑事案件具体应用法律若干问题的解释》在立法目的中写道："为依法惩治非法吸收公众存款、集资诈骗等非法集资犯罪活动，根据刑法有关规定，现就审理此类刑事案件具体应用法律的若干问题解释如下。"可见，该司法解释的出台是为了惩治非法吸收公众存款、集资诈骗等犯罪活动，是为了维护我国社会主义市场经济的健康发展。反观股权众筹融资，其运营目的包括鼓励支持创新、支持小微企业发展及服务实体经济，良性发展的股权众筹融资并不会对我国市场经济产生负面影响，不符合非法集资犯罪的实质要件。但我们也要严防不法分子以股权众筹融资骗取项目支持者资金的行为。

（二）代持股的风险

凭证式和会籍式股权众筹的投资者一般都在数百人乃至数千人。部分股权式融资平台的众筹项目以融资为目的吸收投资者为有限责任公司的股东，但根据《中华人民共和国公司法》中"有限责任公司由五十个以下股东出资设立"的规定，股权众筹项目所吸收的股东人数不得超过 50 人。如果超过，未注册成立的不能被注册为有限责任公司；已经注册成立的，超过部分的投资者不能被工商部门记录在股东名册中享受股东权利。目前在中国，绝大部分对股权众筹项目有兴趣的投资者只愿意提供少量的闲置资金来进行投资，故将股东人数限制在 50 人以内将导致无法募集足够数额的款项来进行公司的运作。因此，在现实情况中，许多众筹项目发起者为了能够募集足够的资金成立有限责任公司，普遍对投资者建议采取代持股的方式来规避《中华人民共和国公司法》关于股东人数的限制。

采用代持股的方式虽然在形式上不违反法律规定，但在立法精神上并不鼓励这种方式。当显名股东与隐名股东之间发生股东利益认定的争端时，由于显名股东是记录在股东名册上的，因此除非有充足的证据证明隐名股东的主张，否则一般会倾向于对显名股东的权益进行保护，所以这种代持股的方式可能会导致广大众筹项目投资者的权益受到侵害。

（三）非标准化风险

股权众筹在国内处于刚刚兴起的阶段，发展尚不成熟，还没有建立行业标准。目前，虽然各家股权众筹网站已基本建立起各自模式的流程和标准，用于项目的申请和审核，并提供相应的服务，但融资项目能否上线最终还是依靠某一团队的经验判断，融资项目的风险、金额设定、信用评级也基本取决于平台方，存在可操作的弹性空间。而不同团队的能力不一样，对风控、操作的把握也各异，由于经验不足而给投资者造成损失的案例也不少见。

（四）欺诈行为

当下多数投资者对股权众筹项目的收益形式和风险点还缺乏必要的了解。具有高科技、高成长、高预期光环的股权众筹项目非常吸引众人目光，这就给一些可能的欺诈行为创造了机会。而由于股权众筹参与的门槛相对较低，出资金额小，其中的风险更容易被忽略，造成损失后也更难追讨。

（五）法律和监管机制不完善

由于股权众筹属于新生事物，国内缺乏针对它的相关法律条文和相应的监管监督机制，股权众筹平台自身也缺乏管理经验。股权众筹面向不特定人群公开募集资金，涉及股份、债券等证券工具的发行，若未得到有效规范，可能演变成非法证券活动。

四、股权众筹的风险防范措施

（一）制定专门的监管规则

股权众筹融资的运作模式与一般的金融产品和金融服务存在较大的区别，一方面，股权众筹具有特殊性，欺诈风险较大，对投资者保护难度较高，需要有一定的运作规范；另一方面，股权众筹在我国刚刚起步，如果按照现有的对成熟金融产品与金融服务的尺度进行监管，可能会加大其运作成本，将许多潜在的参与者排除在股权众筹平台之外，因而需要参考目前已有的金融产品与金融服务监管法律，制定专门针对股权众筹融资平台的法律规范。

（二）明确监管主体和分工协调

根据国际经验，股权模式的众筹融资平台主要归金融市场监管部门监管。如果股权模式要获取证券业经营牌照并遵守证券法的相关规定，可由证监会负责监管。与此同时，股权众筹也涉及网络安全、征信系统、产业发展等问题，需要工信部、发改委等部委共同参与监管。需要强调的是，在各部委分工监管的基础上，还要注重监管的协调。

（三）避免碰触非法集资、非法证券活动的法律红线

在股权模式下，众筹平台扮演中介的角色，负责撮合投资者和融资者，平台本身不吸收资金。同时，项目发起人、平台运营主体及投资者均能清晰地认识并预见到，双方并非存贷款的法律关系，而且投资者出资不以获得利息、固定回报或高额回报为目的。换言之，股权

众筹不属于集资的范畴,不存在非法集资的问题。但是,股权众筹涉及股份、债券等证券工具的发行,若未得到有效规范,就可能碰触非法证券活动的法律红线。因此,针对股权众筹平台,应积极制定监管规则,防止其演变成非法证券活动,并密切关注平台的经营范围,谨防平台向"自营"方向发展,非法吸收投资者资金,甚至演变成非法集资。

(四)加强对投资者的教育

股权投资与常见的股票投资大不相同,比如投资期限可能很长,很难在短期内赎回,而且初创项目失败的概率很高。当前大部分个人投资者对其风险没有充分的认识,因此监管部门需要加强对投资者的教育,普及众筹融资知识,充分揭示市场风险,引导投资者树立正确的投资理念,增强风险意识和自我保护能力。

第五章　供应链金融

第一节　供应链金融基础

一、供应链金融理论

（一）供应链

1. 供应链的概念

供应链是一个开放性的概念，其内涵和外延随着经济技术水平和相关研究的不断发展而不断深化和拓展。一般认为，供应链的理论源头是现代管理学之父彼得·德鲁克（Peter Drucker）提出的"经济链"，而后经由美国哈佛大学商学院教授迈克尔·波特（Michael Porter）发展成为"价值链"，最终日渐演变为"供应链"。供应链是指商品到达消费者手中之前各相关者的连接或业务的衔接，是围绕供应链主导企业，通过对物流、信息流和资金流的控制，从采购原材料开始，形成中间产品以及最终产品，最后由销售网络把产品送到消费者手中的过程。供应链的概念是从扩大的生产概念发展来的，它将企业的生产活动进行了前伸和后延。供应链管理是通过前馈的信息流和反馈的物料流及信息流，将供应商、制造商、分销商、零售商直到最终用户连成一个整体的模式。

因此，供应链的概念跳出了单个企业的局限，而是以供应链企业合作的视角来进行诠释。目前主流的观点认为，供应链是一个范围更大的泛企业结构模式，包含所有与之有关的上下游节点企业，从原材料供应开始，经过链上不同企业的制造加工、组装、分销等过程直到产品流向最终用户。它不仅是连接供应商和用户的物流链、信息链、资金链，还是一条增值链，物料在供应链上因加工、包装、运输等过程而增值，给相关企业带来收益。同时，它还要求组成供应链体系的成员企业协同运作，共同应对外部市场复杂多变的形势。

2. 供应链的类型

站在不同的角度看，供应链的分类有多种不同的方法。以下我们重点讲解几种分类模式。

（1）根据涉及的范围划分

①内部供应链。是指企业内部产品生产和流通过程中所涉及的采购部门、生产部门、仓储部门、销售部门等组成的供需网络。

②外部供应链。则是指整合企业外部的，与企业相关的产品生产和流通过程中涉及的原材料供应商、生产厂商、经销商、零售商和最终消费者组成的供需网络。可以认为内部供应链是外部供应链的缩小化，例如，对于制造厂商，其采购部门就可看作外部供应链中的供应商。它们的区别在于外部供应链范围可能更大，相互间的协调更复杂。

（2）根据供应链的运作方式划分

①推式供应链。以产品为中心，以生产制造商为驱动原点。这种传统的推式供应链管理是以生产为中心，力图提高生产率，降低单件产品成本来获得利润。

②拉式供应链。以顾客为中心，通过对市场和客户的实际需求以及对其需求的预测来安排产品的生产和服务。

（3）根据供应链的结构划分

①直线型供应链。这一种最简单的供应链结构，即每一个节点成员只与一个上游成员和一个下游成员相连接，这样连接而成的供应链呈直线型。从产品的生产上游开始，由供应商、制造商、分销商、零售商到最终用户，商品交易过程中的物流、资金流和信息流等都是严格按照顺序流动的，也即供应链上的第一个企业只与它的上游和下游相联系。信息共享程度不高，容易造成供应链上各企业的信息不对称、积压库存、经营效益下降等问题。这种模式在企业外部供应链、产业链和全球网络供应链中较少出现，常见于企业内部和动态企业联盟中。直线型供应链结构模式如图5-1所示。

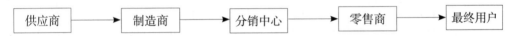

图5-1 直线型供应链结构模式

②网状供应链。这种结构中的每一个节点成员至少与一个上游成员和一个下游成员相连接，这样连接而成的供应链呈网状结构，每一个环节上都有至少一个或多个供应链成员。以核心企业为中心，共享最终用户的需求信息，合理安排企业内部的生产销售计划，制订科学合理的战略计划；可以有效避免"牛鞭效应"带来的需求信息的扭曲，也能为供应链上各企业节约库存成本，加快资金使用效率，提高企业经营效益。这种模式多存在于产业供应链和全球网络供应链中。网状供应链结构模型如图5-2所示。

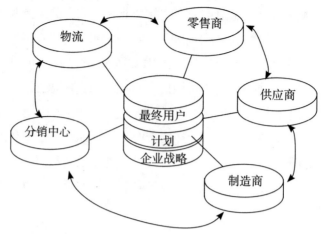

图 5-2 网状供应链结构模式

（4）根据供应链主导企业不同划分

在供应链金融实现的过程中，供应链主导企业的积极参与是必不可少的条件，因此需要重点了解各种主导企业在供应链体系中起到的作用。

①以供应商为主导的供应链。除了想尽一切办法保持、扩大市场份额以外，供应商最关心的就是市场的平稳。出于控制成本的考虑，供应商都会努力避免产量发生过大起伏，尤其是大宗产品如原油、矿石、钢铁、农产品等，生产模式追求的都是规模效应，畅通的运输过程、合理的销售地库存是供应链设计的主要内容。

②以生产商为主导的供应链。现代商品生产的供应链体系往往十分复杂，从大的方面来说，其包含生产、销售、回收等内容，从小的方面来说，仅销售体系就包含完整的产品和配套零备件供应链体系，更准确、更及时、更好的成本控制是生产商的主要追求目标。

③以销售商为主导的供应链。在供应链中销售商的作用是将产品转化为资金，是完成整个供应链存在价值的经营主体。对销售商而言，怎样保持合理的库存和畅通的补货渠道是供应链体系建设中最关心的问题。

需要注意的是，企业在供应链上的位置和地位都是相对的，一个企业在这个供应链体系里是供应商，在另一个供应链体系里可能是生产商；在一个供应链体系里处于主导地位，在另一个供应链体系里可能属于从属地位。例如生产计算机显示器的 AOC 公司，在元器件—总装厂—零售的计算机生产供应链体系内属于供应商，而在原材料—元器件—封装厂的生产供应链内属于生产商。很明显，在上述两个供应链体系内，AOC 公司的地位是不同的，简而言之，定价权是掌握在供应链主导企业手里的。供应链主导企业是供应链金融业务信息和业务的汇集点，有时也被称为核心企业，但这个称谓是不准确的，供应链本身是一个网状结构，有多个中心，但是没有核心；网状结构同时也可以得到另一种结果，那就是供应链金融的组织方式有多种可能性，既可以由上游企业来组织，也可以由下游企业来组织。

（5）根据供应链管理模式划分

①纵向一体化供应链。企业除了拥有具有竞争优势的核心企业和业务外，还具有自己

的原材料、半成品或零部件供应、分销网络,甚至运输企业,形成了整体业务一条龙的运作。

②横向一体化供应链。核心思想是发挥企业核心竞争力,即企业只需注重自己的核心业务,充分发挥核心竞争优势,而将非核心业务交由其他企业完成,实施业务外包,以最大限度地取得竞争优势。

③敏捷供应链。它是支持动态联盟优化运行的重要技术,可以根据动态联盟的形成与解体而组成和解散,快速地完成组织体系和信息系统的调整和重构,通过供应链管理来促进企业间的联合,进而提供企业的敏捷性,以适应动态联盟的需要。

(6)其他划分方式

根据供应链存在的稳定性,可以将供应链分为稳定的供应链和动态的供应链。基于相对稳定、单一的市场需求而组成的供应链稳定性较强;而基于相对频繁变化、复杂的需求而组成的供应链动态性较高,在实际管理运作中,需要根据不断变化的需求,相应地改变供应链的组成。

根据供应链容量与用户需求的关系,可以将供应链划分为平衡的供应链和倾斜的供应链。供应链具有一定的、相对稳定的设备容量和生产能力(所有节点企业能力的综合,包括供应商、制造商、分销商、零售商等),但用户需求处于不断变化的过程中,当供应链的容量能满足用户需求时,供应链处于平衡状态;而当市场变化加剧,造成供应链成本增加、库存增加、浪费增加等现象时,企业不是在最优状态下运作,供应链则处于倾斜状态。

3. 供应链的特征

供应链是一个网链结构,由围绕核心企业的供应商、供应商的供应商和用户、用户的用户组成。每个企业是一个节点,节点企业和节点企业之间是一种供需关系。供应链的这种结构决定了其具有以下特征。

(1)复杂性

因为供应链节点企业组成的跨度(层次)不同,供应链往往由多个、多类型甚至多国企业构成,所以供应链结构模式比一般单个企业的结构模式更为复杂。

(2)动态性

供应链管理因企业战略和适应市场需求变化的需要,需要动态地更新节点企业,这就使得供应链具有明显的动态性。

(3)面向用户需求

供应链的形成、存在、重构都是基于一定的市场需求而发生,并且在供应链的运作过程中,用户的需求拉动是供应链中信息流、物流、资金流运作的驱动源。

(4)交叉性

节点企业可以是这个供应链的成员的同时又是另一个供应链的成员,众多的供应链形成交叉结构,增加了协调管理的难度。

（二）供应链管理

1.供应链管理的概念

最早人们把供应链管理的重点放在管理库存上，作为平衡有限的生产能力和适应用户需求变化的缓冲手段，它通过各种协调手段，寻求把产品迅速、可靠地送到用户手中所需要的费用与生产、库存管理费用之间的平衡点，从而确定最佳的库存投资额。因此其主要的工作任务是管理库存和运输。现在的供应链管理则把供应链上的各个企业作为一个不可分割的整体，使供应链上各企业分担的采购、生产、分销和销售的职能成为一个协调发展的有机体。

供应链管理包括管理供应与需求，原材料、备品备件的采购、制造与装配，物件的存放及库存查询，订单的录入与管理，渠道分销及最终交付用户。供应链管理的 4 个基本流程为计划、采购、制造和配送。

随着生产技术、商业模式、经济发展和技术革新的不断演进，供应链管理概念的内涵和外延不断深化和扩张，它根植于从原材料供应商到最终用户的所有关键业务过程，最终目的是深入供应链的各个增值环节和相关节点，将消费者所需的产品、商品或服务，在消费者限定的时限内，按照消费者制定的数量和质量，以适当的状态和消费者可以接受的价格送到其指定地点，并实现总成本最小，从而实现企业利润最大化。供应链管理就是要专注于企业核心竞争力，识别自身的优势所在，将相应的资源投放到其优势方面。供应链管理强调整体、系统的概念，它囊括了从上至下的供应商及用户的相关环节，通过对物流、资金流和信息流的管理，努力实现以最小的成本使用户服务水平达到最优，寻求整体效率最优，使供应链上的各个企业达到共赢。

供应链管理是以市场和客户需求为导向的，在供应链主导企业协调下，本着共赢原则，以提高整体竞争力为方向，通过提升市场占有率、客户满意度来使整体收益最大化；以协同商务、协同竞争为基本运作模式，通过运用现代企业管理制度和信息技术，达到对整个供应链上的信息流、物流、资金流、业务流和价值流的有效规划和控制，从而将客户、供应商、制造商、销售商、服务商等合作伙伴连接成一个完整的网状结构，形成一个具备强大竞争力的战略联盟。简而言之，供应链管理就是优化和改进供应链活动，优化对象是供应链组织和它们之间的各种"流"，应用的方法是集成和协同，目的是满足客户的需求，最终的体现是提高供应链的整体竞争能力。

2.供应链管理的内容

供应链管理的范围和内容与对供应链管理的定义是分不开的，根据对供应链管理的定义，供应链管理不仅仅包括运作管理，还包括战略管理和战术管理。

一般认为，供应链管理是通过对物流、资金流和信息流的管理，协调供应链内各个企业、各个部门之间运作的一个过程。按照管理的内容，供应链管理可以分为三个层次，即战略管理层、战术管理层和业务管理层。

供应链的战略管理主要为供应链发展的目标、方向等重大问题做出决策。战略管理可以使供应链在发展规划中体现出超前性，使得供应链的运作更加系统和逻辑。供应链战略管理的主要内容包括以下几点。

①制定供应链的目标和原则，即规定供应链以什么样的运作方式满足顾客的需求。供应链可以是敏捷的，也可以是高效的或高质量的。

②建立战略性友好伙伴关系。

③评价和分析企业的外部环境因素。

④评价和分析企业的竞争优势和劣势。

⑤确定供应链的状态。

⑥供应链网络结构的分析与设计等。

供应链的战术管理是实现供应链战略目标的方法和手段。一方面，它把战略性目标转换为针对某一个功能的目标；另一方面，它使供应链中的各个功能达到平衡。同时，战术管理还包括开发实现战略管理目标的工具、方法和资源等。

供应链的业务管理主要是保证供应链的顺利运行、满足客户的需求等日常管理工作。它着重于详细的系统设计和各种业务流程的计划、控制和处理。

3. 供应链管理的特点

第一是把供应链内的企业看作一个整体。传统的管理模式往往以企业的职能部门为基础，但由于各企业之间以及企业内部职能部门之间的性质、目标不同，造成相互的矛盾和利益冲突，各企业之间以及企业内部职能部门之间无法完全发挥其职能效率。

供应链是由供应商、制造商、分销商、销售商、客户和服务商组成的网状结构，各环节是一个环环相扣的有机整体。供应链管理把物流、信息流、资金流、业务流和价值流的管理贯穿于供应链的全过程。它覆盖了产品的整个生命周期，从原材料和零部件的采购与供应、产品制造、运输与仓储到销售等职能领域。它要求各节点企业之间实现信息共享、风险共担、利益共存，并从战略的高度来认识供应链管理的重要性和必要性，从而真正实现整体的有效管理；它把不同的企业集成起来以增加整个供应链的效率，注重的是企业之间的合作，以达到全局最优。

第二是维持合理的库存。传统的库存思想认为：库存是维系生产与销售的必要措施，是一种必要的成本。供应链管理使企业与其上下游之间有可能在不同的市场环境下实现库存的转移，降低企业的库存成本。无论是生产环节的 JIT（准时生产），还是销售环节的 VIM（经销商库存管理），这些理论的目的都是维持一个合理的库存，而实现的前提是供应链上的各个企业成员通过数据交换共享信息。通过合理地安排生产节奏以及整个供应链的快速反应，不但能够有效地降低库存总成本，还能缩短交易时间，降低供应链内各环节的交易成本。

第三是以终端客户为中心。无论构成供应链节点的企业数量有多少，也无论供应链节点企业的类型、层次有多少，供应链的形成都是以客户和最终消费者的需求为导向的。正是由于有了客户和最终消费者的需求，才有了供应链存在的价值，也只有让客户和最终消费者的需求得到满足,才能让供应链有发展的可能。

供应链管理与优化的重要内容就是流程上的重构与补充,这对提高企业管理水平和完善管理流程具有重要的作用。随着供应链体系建设不断完善,体系的建设又会反过来促进企业管理的科学化和标准化,提升企业的综合竞争能力。

(三)供应链融资

1. 供应链融资的原理

一般来说,一个特定商品的供应链从原材料采购开始,到最终产品形态完成,通过分销网络把产品送到消费者手中,将供应商、制造商、分销商、零售商直到最终用户连成一个整体。在这个供应链中,竞争力较强、规模较大的供应链主导企业因其强势地位,往往在交货时间、价格、账期等贸易条件对上下游配套企业要求苛刻,从而给周边企业造成压力。上下游配套企业大多是中小企业,融资渠道较少,有可能因此造成资金链紧张,破坏整个供应链的平衡。

从供应链内部来看,供应链主导企业不愿承担过多的资金风险,而上下游中小型企业缺乏融资能力,这是供应链资金流不畅的主要原因。如果供应链主导企业能够将自身的资金注入上下游企业,金融机构也能够有效监管供应链主导企业及其上下游企业的业务往来,那么金融机构作为供应链外部的第三方机构,就能够将沉淀在供应链内的资金流盘活,同时还可能获得金融业务的扩展。

供应链融资最大的特点就是在供应链中寻找出一个相对较大,又对业务扩张有一定想法的企业,以这个企业为支点,为上下游企业提供金融支持。供应链融资的意义在于:一方面将资金注入处于相对弱势的上下游配套中小企业,解决中小企业融资难和供应链失衡的问题;另一方面将商业信用融入上下游企业的购销行为,促进中小企业与供应链主导企业建立长期战略协同关系,提升供应链的竞争能力。

对金融机构而言,供应链融资与传统信贷业务最大的差别在于,它是利用供应链中起主导作用的产销企业或第三方企业的信用及管理能力,来缓解金融机构与中小型企业之间信息的不对称,解决中小型企业的融资困境。因此可以这样理解供应链融资:首先,供应链融资是一项金融服务,服务的是供应链的资金往来;其次,在整个供应链的信用评估中,供应链主导企业的信用被赋予很大的权重,也就是说,供应链主导企业的风险是供应链整体风险的主要来源;再次,供应链主导企业与其他链内企业之间的交易需要被监督,确保真实的业务背景;最后,供应链金融是一种财务融资,企业向金融机构的抵押物不是固定资产,而是应收账款、预付款和存货等流动资产。

2. 供应链融资的意义

供应链金融对整个供应链生态系统的健康发展具有直接、强大的作用。具体表现在以下方面。

①对中小企业而言,银行等金融机构为供应链上下游中小企业提供的相关金融服务是

以新的视角看待中小企业的融资风险，即从专注于评估中小企业本身的信用风险转变为评估整个供应链的风险，从静态评估中小企业财务数据转变成动态评估整个交易的过程。这样不但准确评价了业务的真实风险，还原了中小企业的实际价值，也能放宽对中小企业融资的限制，将更多的中小企业纳入金融机构的服务范围，不仅能够有效地解决中小企业的融资问题，还能使中小企业更好地扩大经营的范围，进入发展的良性循环。

②供应链主导企业与供应链上下游企业有长期的贸易往来关系，对供应链上中小企业的经营状况、管理能力、信用状况等方面有深入的了解；银行借助主导企业对中小企业的了解和评价，以实际发生的业务为纽带，将主导企业与上下游企业的利益进行捆绑。供应链主导企业常被要求以产品回购等形式附带连带责任，如果中小企业失约，就会影响到与主导企业之间的贸易关系，甚至威胁到中小企业的生存，从主观上说不具有违约动机。

③对以银行为代表的金融机构而言，通过推广供应链金融服务，可以获得对中小企业市场深入开发和业务综合发展的机会。银行热衷于服务大客户，容易导致贷款风险集中；供应链金融能够为银行带来大量的新客户，并能够通过培育处在成长期的优质的小客户，改善对少数大客户过度依赖的状况。

④供应链金融内在的约束机制还能有效地降低银行对客户的开发和维护成本，理论上降低客户的流失率，通过提供供应链金融服务覆盖多种潜在的收益增长点，不仅能得到表内或者表外的资产收益，还可以获得为融资的中小企业提供财务咨询、信息管理等中间业务的收益，同时，供应链主导企业和融资企业在银行账户资金的积累也为银行带来了存款收益。

⑤在供应链金融模式中，金融机构可以适当淡化对企业的财务分析和贷款准入控制，需要关注的重心是每笔具体的业务交易。在融资过程中，银行重点考察申请贷款企业单笔贸易的真实背景及企业的历史信誉状况，通过资金的封闭式运作，确保每笔真实业务发生后的资金回笼来控制贷款风险，从而使一些因财务指标达不到银行标准而难以获得贷款的中小企业，可以凭借真实交易的单笔业务来获得贷款，适合资信普遍较低的中小企业，在一定程度上可以满足资金需求。通过对物权控制和融资款项的封闭运作，金融机构可以实施资金流和物资流的双向控制，使风险监控直接渗透到企业的经营环节，有利于对风险的动态把握，并且可以在一定程度上实现银行授信与融资主体风险的隔离。

⑥金融机构或其代理人应该更注重交易背景的真实性和连续性，通过对企业信用记录、交易对手、客户违约成本、银行贷后管理和操作手续等情况的审查，确定企业在贸易过程中所产生的销售收入作为其融资的第一还款来源，限定融资期限与贸易周期相匹配，使资金不会被挪用，降低贷款风险。

⑦对整个供应链体系而言，供应链金融有利于提升供应链成员的整体竞争力，解决供应链协调发展的难题，促进中小企业发展业务和提升实力。中小企业在供应链中多数承担供应商和分销商等角色，这些企业的供应能力和销售能力在很大程度上影响供应链主导企业的市场竞争力，银行对主导企业上下游的融资服务也会降低主导企业的融资需求和成本。

⑧供应链金融突破了贸易体系基于买卖合同达成的交易关系局限，将金融机构、制造

商、分销商、零售商、物流商和最终消费者通过金融手段有效联结在一起,使整个供应链中的资金流向更合理,提高了整个供应链的运作效率,能有效增强整个供应链的市场竞争能力。

二、供应链金融概述

(一)供应链金融的定义

随着供应链思想逐渐被接受以及供应链理论研究的日趋完善,供应链中的物流、商流、信息流的效率得到巨大的提升。原本被认为是辅助流程的资金流动问题,逐渐出现在资金相对短缺的中小企业身上,成为制约整个供应链发展的瓶颈。无论是从单个企业的角度还是从供应链的角度出发,供应链中的四流——物流、商流、信息流和资金流都是相互作用、相互影响的,形成了一个相辅相成的整体;特别是供应链中的信息流和资金流,基本上贯穿了供应链的所有环节。研究供应链中的资金流问题和财务问题,不仅对为供应链正常运转提供资金支持的融资行为的理解意义重大,对理解供应链正常运转、企业和供应链内的行为逻辑也具有重要意义。

供应链金融(supply chain finance,SCF)是商业银行信贷业务的一个专业领域,也是中小企业的一种新的融资渠道,即为满足供应链内部中小企业融资需求,基于对供应链内部的交易结构进行分析,运用自偿性贸易融资的信贷模型,在原有点对点融资的基础上,引入核心企业、第三方物流企业监管等风险控制变量,根据供应链中的真实贸易背景将供应链中核心企业的信用进行延伸,以企业贸易活动所产生的确定的未来现金流为直接还款来源,对供应链的不同节点提供封闭的授信支持及其他结算、理财等综合金融服务的一种创新金融模式。

要从供应链整体的角度来考虑,对整个链条进行风险评价分析。针对核心企业和上下游中小企业的整体设计融资方案,而不是针对单个企业进行风险评价的方式有助于提升整条供应链的竞争实力。随着SCF研究的深入,其主要的研究领域也随之发生了一些变化和转移。从最初的只关注基本的融资功能,到后来逐渐拓展到资金的使用和资金的流转周期上。

国内关于供应链金融概念的界定很多,可归纳为以下三类。

第一类观点来自商业金融机构,认为供应链金融是金融机构站在供应链全局的高度,把供应链上的相关企业作为一个整体,基于交易过程中构成的链条关系和行业特点设定融资方案,将资金有效注入供应链上的相关企业,提供灵活运用的金融产品和服务的一种融资创新解决方案。

第二类观点来自供应链中的主导企业,认为供应链金融是一种在供应链主导企业营造的企业生态圈中,对资金的可得性和成本进行系统性优化的过程。

第三类观点来自物流服务商,认为供应链金融是物流与金融业务的集成、协作和风险共担的有机结合服务,是一种物流金融或金融物流。它为商品流通的全过程提供服务,服务对象是供应商、生产商、销售商、物流企业、金融机构等。

综上所述,我们认为供应链金融是一种集物流运作、商业运作和金融管理为一体的管理行为和过程,它将贸易中的买方、卖方、第三方物流以及金融机构紧密地联系在了一起,实现了用供应链物流盘活资金,同时用资金拉动供应链物流的作用;而在这个过程中,金融机构如何更有效地嵌入供应链网络,与供应链经营企业相结合,实现有效的供应链资金运行,同时又能合理地控制风险,成为供应链金融的关键问题。

(二)供应链金融的参与主体

供应链金融,顾名思义是发生在供应链上的各参与主体以及其中的利益相关者之间的金融关系,参与主体包括上游供应商、下游经销商、末端零售商、终端企业和消费者等;在他们的交易过程中还有承载着物流、资金流、信息流、商流的相关企业,比如物流的承载需要物流提供商,资金流则需要有金融机构或者非金融机构但是具备融资能力的主体来参与。一般来说,供应链金融中的参与主体分为四大类:资金需求主体、金融服务提供商、风险承担者和交易风险管理者。下面我们分别对各主要参与者的定义、范围及作用进行详细描述。

1. 资金需求主体

在商业交易过程中,无论哪种业务模式,供应链金融是基于交易主体的需求而产生的,没有需求便没有市场;故而,供应链金融实施的起始点便是有需求的一方,即资金需求主体。资金的需求主体即供应链节点上的企业,包括核心企业和上下游的配套企业。我们知道,在一条供应链所涉及的企业当中,总会存在一家规模较大、实力较强,能够对整个供应链的物流和资金流产生较大影响的企业,而这家企业的信誉、资金实力都有较强的保障,即称为核心企业。在供应链金融服务中,核心企业可以为上下游中小企业融资提供相关的担保。一般而言,主要是供应链中处于弱势地位的中小企业在充当供应链金融服务的需求者。它们通过动产质押以及第三方物流企业或核心企业担保等方式从金融机构获得贷款。

2. 金融服务提供商

在商业交易过程中,资金流即涉及金融机构,是供应链金融中直接提供金融资源的主体,即特定的金融服务机构、商业银行及投资者,甚至还会涉及目前发展迅速的非金融支付机构,比如支付宝、财付通等企业。狭义来看,金融服务提供商是所有致力于为其他机构的投资及财务需求提供金融支持的机构。广义来看,金融服务提供商包括所有有结算合同的机构,而并非必须是链上的契约方,这就包含了金融服务商、银行或者保险公司的资本投资、证券投资或者风险管理等,甚至代理商或者咨询企业(提供信息及咨询服务)也属于广义上的金融服务提供商。

3. 风险承担者

一般而言,风险承担者可以是供应链金融中直接提供金融资源的主体,也可以是资金需求者在融资过程中承担担保责任的其他利益相关者,以前者为主,主要包括商业银行、投资机构、保险公司、担保/保理机构以及对冲基金等。这类参与主体一般发挥着如下三种职能。

第一，直接促使资金放贷和信用增强。要实现这一点有两个要素：一是确立供应链金融业务标准，否则这些机构将面对较大风险，因为它们并不直接介入供应链的实际运行，所以，只有确立标准，才能使它们及时监控交易的细节与过程，把握可能存在的风险；二是管理贸易融资与以资产为基础的融资之间的冲突与矛盾，即将以往借贷业务中很难开展的资产和业务转化成一种可融资对象的综合解决方案。

第二，后台与风险管理。虽然在供应链金融中有交易风险管理者管理风险，但是由于金融机构是最终的风险承担者，所以，金融机构也需要有风险管理体系和手段，这包括交易文件的管理，以及将信用与其他风险管理者结合起来的运作框架等。

第三，融资产品条款的具体安排。具体包括供应链金融产品定价或收益设计等，特别是如何通过供应链金融体系的建立，使供应链参与各方获得相应的利益和回报。

其他利益相关者的担保可能涉及供应链中的核心企业以及物流服务提供商，其中，物流服务提供商是供应链中的另一类成员，不一定在任何状态下都存在，只有其在为一家或者多家供应链成员提供物流服务时，才会被当成供应链上成员。过去，LSP（logistics server providers，物流服务提供商）为顾客及供应商提供运输及仓储服务等狭义物流服务，而今物流服务产业整体上正在经历巨大的变化，服务的范围大大拓展。由于企业越来越专注于自身的核心能力，物流服务企业所提供的价值增加或者行政服务活动也越来越广，比如支付、担保、售后服务等。此外，第三方物流还是供应链金融服务的主要协调者，一方面为中小企业提供物流、信用担保服务，另一方面为银行等金融机构提供资产管理服务（监管、拍卖等），搭建银企间合作的桥梁。

4. 交易风险管理者

交易风险管理者拥有交易数据、物流数据、聚合数据，并将整合的数据传递给投资者以供其做出相应的决策，它将各类不同的经济主体有机地组织在一起从事供应链金融活动，包括供应链买卖双方、第三方物流服务提供商、金融机构以及其他所有相关机构。其功能在于证实数据、整合数据、分析数据以及呈现数据，促进供应链中金融活动的顺利开展。

具体来讲，交易风险管理者承担的主要职责包括如下活动。

（1）物流数据的整合

从某种意义上讲，将物流数据与金融活动相结合是交易风险管理者最主要的职责。在供应链金融运作过程中，追踪物流活动和管理产品物流是供应链金融的关键，物流服务提供商将相应的物流信息传递给交易风险管理者（这个管理者也可能是第三方），交易风险管理者需要证实这些信息的完整性和可靠性，同时整合、分析各方面的信息（即交易信息和其他信息），将这些加工后的信息传递给风险承担者进行决策。从这个角度看，交易风险管理者需要具备物流经营和管理的知识与经验，能够正确合理地把握物流运行的状态，也要了解物流活动的关键控制点，否则供应链金融所需要的信息就会出现偏差，并带来灾难性的后果。

（2）信息技术的推动和大数据的运用

在供应链金融的运作过程中，信息技术和大数据是关键，二者是保障物流信息与金融活动完美结合的基础。一方面,所有的物流服务提供商或交易伙伴需要通过信息技术将相关信息传递给交易风险管理者;另一方面,交易风险管理者还需要将整合后的数据通过信息技术传递给风险承担者。风险管理者之所以能全面了解供应链的运行状况、控制金融活动中的风险,关键在于信息技术的运用,并且能够借助大数据把握供应链交易的特征、各参与方的行为状态,从而合理地设计出相应的产品。

(3)交易和信用保险的支撑平台

供应链金融的有效开展,需要交易风险管理者运用交易和信用保险转移可能存在的风险,推动资金流在供应链中的有效运行。这要求交易风险管理者根据交易的特点、产品的性质状况等选择金融机构、保险机构,同时不断监控交易的过程和产品的状况,使得保险既能有效转移风险,也能将风险控制在可接受的范围。

(4)促进融资行为

通过风险管理者的管理活动和整体设计安排,最终能推动供应链中的企业展开融资活动,切实地解决供应链中一些企业,特别是中小企业融资困难的状况。

供应链上的各个参与主体都有着不同的组织及流程,因而供应链上运营及财务处理过程中所涉及的对接主体将会出现在不同企业中。不仅是企业内部,企业外部与供应链其他成员的交接也因此处于动态变化之中。通常来说,企业内部参与主体包括运营活动所涉及的所有部门,例如,产销相关的采购、生产、分销及物流单位,与资金流相关的所有处理资金和财务活动的部门。当做出有关投资、会计、财务的决策时,会计部门、控制部门及财务部门也需要被考虑进来。

因此,对于供应链上某一个企业而言,其主要职责是处理接口事宜。供应链管理旨在通过整合创造价值的流程来优化资金、物料及信息的流动。因此,供应链金融关注管理物流过程中引发的金融职能。

(三)供应链金融的发展现状及趋势

现代意义的供应链金融发源于 20 世纪 80 年代,深层次的原因在于世界级企业巨头寻求成本最小化需求下的全球性业务外包,由此衍生出供应链管理的概念。随着供应链的扩展,与此对应的供应链管理和供应链财务管理也应运而生,进而导致了供应链金融的产生。

市场上真正的竞争不是企业与企业之间的竞争,而是供应链与供应链之间的竞争。供应链上实力雄厚的主导企业及上下游中小企业都希望通过供应链的整体运作实现成本的降低以及价值的提升。

供应链金融从整体的角度出发,依托供应链主导企业,改变了银行等金融机构仅针对单一企业主体的授信模式,将资金有效注入供应链中,把为主导企业提供的金融服务扩展到供应链上的中小企业,有效解决了中小企业的融资问题。同时,供应链金融强化了信用在企业间交易行为中的作用,能够促进供应链主导企业与周边企业的长期合作关系,有效提升供应链整体竞争力。

国内供应链金融的发展有赖于改革开放以来制造业的快速发展,世界制造中心吸引了越来越多的国际产业分工,中国成为大量跨国企业供应链的汇集点。在短短的几十年内,中国的供应链金融得到快速发展,从无到有,从简单到复杂,并针对中国本土企业进行了诸多创新。

除了制造业快速发展带来的资金需求,中国供应链金融的发展也得益于 20 世纪 90 年代以来中国物流业的快速发展。21 世纪以来,中国物流行业正在经历一场前所未有的大整合,网络效应和规模效应逐渐在一些大型物流企业中体现出来,为了在更多方面深入供应链的整体服务,这些物流企业也把目光投向了金融服务。

在供应链金融服务的供给方面,随着经济全球化的不断深入,国内银行在融入国际经济时面临着激烈的竞争,国外银行也对国内庞大的市场虎视眈眈,由于传统市场已被瓜分殆尽,针对中小企业和贸易过程的供应链金融是国际金融资本打开国内市场的利器。为了应对国外银行的步步紧逼,国内银行也在大力拓展供应链金融服务,以求不断增强自身的竞争能力,供应链金融业务在国内也逐渐兴起。

尽管供应链金融业务在国内已经取得一定成绩,但是在前进的道路上确实还存在一些不尽如人意的地方,主要包括以下几点。

首先,是供应链主导企业的控制力弱。供应链主导企业之所以能够承担供应链的资源组合与集成功能,源于其在合作竞争中形成的企业权威。如果企业不能在供应链竞争中培育起自己的权威,就无法有效地整合供应链资源,难以发挥供应链的协同优势。目前国内企业供应链管理能力普遍不强,经营过程中过于关注自身发展情况,企业建设大而全、小而全的思想还有很大市场,与协作企业建立的关系层级较低,对供应链成员企业的管理既缺乏制度化的约束手段,也缺乏有效的利益激励,造成供应链成员企业对核心企业的归属感不强。这种状况不仅使银行可选择开发的供应链数量有限,而且在业务开展时还要审慎评估供应链内部约束机制的有效性。

其次,是信息流通不畅。在供应链金融服务模式下,金融机构如果能够方便、准确地获取授信企业的相关信息,可以在一定程度上缓解金融机构和企业之间信息不对称的矛盾,然而目前很多企业的信息化建设水平不高,也不够规范,造成金融机构可选择的余地不大。供应链金融业务针对的是具体业务,对于无法及时沟通信息的企业,银行无法对其经营状况做出判断,自然也就无法提供融资。

再次,是风险控制机制不健全。传统的贸易融资强调的是特定交易环节供需双方企业的信用状况和贸易的真实背景,而供应链融资强调整个供应链风险的监控与防范,这要求对供应链各个环节潜在的风险加以识别与控制,如果找不到合格的代理人,就会大幅增加管理成本,甚至导致业务无法开展。

最后,是物流监管能力还不高。目前我国物流市场经营环境仍然复杂混乱,管理规范、实力雄厚且了解特定市场的第三方物流公司数量不多,物流管理能力和信息化水平普遍不高,要想满足银行对出入库作业和库存的实时监管,还需要在信息化建设和规范化管理上多做努力。

相对于发达国家,我国的供应链金融也有自己的特点。具体如下。

首先,我国供应链金融业务中的放贷方以商业银行为主,虽然这些商业银行都完成了股份制改造,但是国有实际控股仍然相当可观,所以在提供供应链金融业务的动机上以及操作过程中更容易受到政府的政策干预,国外供应链金融主体相对多元化,市场化程度更高,运作手段也更成熟、规范。

其次,国外银行推出供应链金融的初衷在于维系与老客户的关系,即避免因全球化背景下产业组织结构化导致老客户流失;而国内银行业热衷的供应链金融则基于明确的新客户导向,即一种开发中小企业市场新的授信技术和盈利模式。

最后,国内供应链大多集中于下游供应商,即"分销链金融"或者"渠道融资",因为国内核心企业与下游的利益紧密度往往超过了其与上游的利益联系。出于对业务外包稳定性和成本控制的关切,国际银行的供应链金融主要面对核心企业的上游供应商,而对分销商的存货融资和预付款融资大多建立在一对一基础之上。

第二节　供应链金融模式

一、应收账款融资

(一)应收账款融资概念

供应链中的中小企业用应收账款单据作抵押,以核心企业的担保为前提,向金融机构进行融资的模式称为应收账款融资模式。融资企业、核心企业与银行签订三方协议,销售收入作为第一还款来源,如果融资企业出现违约,核心企业作为担保将承担弥补银行损失的责任。供应链中核心企业的信用状况良好,经济实力强,银行承担的风险一部分被分散和转移到供应链上,有效控制了贷款风险。而且中小企业为了长期与核心企业合作,不会轻易违约,在一定程度上降低了银行风险。应收账款融资模式主要适用于位于供应链上、中游的债权企业的销售阶段,供应商销售货物之后不能直接取得客户的付款,产生了应收账款,但是供应商正常运营需要资金周转,如支付产品的劳动成本或者偿还利息,而应收账款的融资模式解决了这一资金缺口。应收账款融资模式借助真实的交易背景和核心企业的信用,使中小企业能够快速获得银行贷款,解决了中小企业由于信用不足产生的融资难情况,帮助其更稳定地发展。目前,我国应收账款融资的方式主要有三种:第一种是银行从事的应收账款质押融资业务,主要是用贷款的模式开展;第二种是保理公司从事的应收账款转让融资,保理是一种最适合成长型中小企业的贸易融资工具,具有逆经济周期的特点;第三种是票据池授信,这种主要是以前期的商业汇票抵押贷款或贴现为基础发展起来的,形式灵活,能有效地为供应链上的企业融通资金,加速资金周转。

（二）应收账款融资分类

1. 应收账款质押融资

（1）应收账款质押融资概念

应收账款质押融资的本质就是将公司的应收债务权作为一种担保，通过相应的金融机构提前将资金取出，它最终还是一种以权益为担保的交易。该融资模式大大减轻了中小型企业的资金流负担，从而为正常的生产经营提供有力的保障。虽然此应收账款在交易中只是一种质押担保品，但相比较其他的担保还是有差异的，应收账款是实实在在的资金权益，因此它在还款处理上相当灵活，比如可以以银行作为中介，若公司双方产生纠纷，银行可以以行政手段进行纠纷处理。

应收账款质押有三个方面的特点：第一个特点主要是保障担保债权的受偿，从属性上来说，它从属于被担保债权；第二个特点指的是不可分割性，应收账款质押进行转让的时候必须考虑被担保债权，也即原则上基于同一合同或收款权等产生的债权只能全部质押给同一质权人，若有质押给不同质权人，则在后登记的质权人只能按照登记的时间顺序顺位获得清偿，即不能将同一债权分开进行质押；第三个特点是优先受偿性，主要是针对出质人是否履约而定的，当出质人不履约的时候，质权人就可以享受到这笔应收账款受偿的优先权。

（2）应收账款质押融资分类

①特定应收账款质押。这种质押方式通常针对的是单笔应收账款且具有一定数额，而在交易标的中出现的合同额巨大，而且交易的次数很少，所以常常采取当次付清的方式或者按照合同约定来进行分期交易。这种质押方式下，付款方是在借款方的授意下在银行进行资金业务办理，并不是直接给借款方支付。所以特定应收账款质押很受制造重型机械设备企业的青睐。

②一揽子应收账款循环授信。这种质押方式的授信基础是一揽子的应收账款，是基于应收账款的收回形成的，在固定的信贷额度限额内面向企业进行贷款，而银行则会在固定的信贷额度限额内给借款方提供循环授信。应收账款多且金额比较小的公司通常采用这种方式，中小型企业更是以此方式来图发展。

③应收账款存量担保授信。金融机构采取这种质押方式针对的主要是各个公司应收账款中处于峰值状态中的平衡额度，然后划拨出对应的融资额度，在应收账款实际存量余额的基础上进行资金的支出，并适时地调整自己的担保融资余额。应收账款存量担保授信是根据应收账款的余额来完成循环融资的，更适用于中小企业。

④应收账款未来担保融资。金融机构采取这种质押方式使资金需求方把有确切支付时间和金额的应收账款当作质押物，该笔应收账款是以收款企业与付款企业签订的购买合同为基础的，对于融资活动中进行担保的企业在应收账款融资上将要取得的融资款采取分期付款形式，且付款金额逐渐减少，秉承的大方针是"总时间段分期逐步减少，平衡逐渐恢复，信用不能循环"。这种质押融资方式下，银行通常只面向那些经营良好和信贷诚信的公司，

而且拥有一定的资质和实力,比如电力系统、水力行业等企业。

(3)应收账款质押融资模式流程

第一,融资企业与下游企业达成交易,并获得应收账款相关的单据。包括销售合同、发货单、收货单、付款方证明和承诺书等。

第二,进行业务申请与受理。融资企业根据银行业务办理的流程来进行应收账款质押业务的资料准备,以及其他相关资料,提交核查。

第三,对应收账款质押登记进行办理。金融机构的经手人基于融资企业提交的质押登记向人民银行信贷征信机构办理出质登记证明,并需付款单位给出还款承诺。

第四,发放贷款。在业务办理过程中,严格遵照相应的放款审核规定,对应收账款清单、合同正副本、提单副本或留存联进行严格把关后再实行放款工作。

第五,加强贷款的风险管理。严格遵照银行贷后管理要求,做好申请人资质方面的贷后审查和管理工作,时刻关注借款人的经营状况,并保管好质押合同及其他相关资料。

第六,还款。在合同到期的时候,由应收账款债务人直接偿还贷款或由借款人按合同约定还款。

2. 应收账款保理融资

(1)应收账款保理融资概念

保理业务主要是为以赊销方式进行销售的企业设计的一种综合性金融服务,是一种通过收购企业应收账款为企业融资并提供其他相关服务的金融业务或产品。保理的一般做法是,保理商从其客户(供应商或卖方)的手中买入通常以发票形式表示的对债务人(买方)的应收账款,同时根据客户需要提供与此相关的单项或多项服务,包括债款回收、销售分户账管理、信用销售控制以及坏账担保等。对于客户而言,转让应收账款可以获得销售回款的提前实现,加速流动资金的周转。此外,卖方也无须提供其他质押物和担保,对卖方来说压力较小。

(2)应收账款保理融资分类

保理业务根据不同的标准有不同的分类,下面重点介绍几种常用的保理业务。

①明保理和暗保理。这是根据供应商是否会将应收账款转让行为通知买方来进行分类。明保理也即公开保理或通知保理,即供应商企业在将其应收账款转让给保理商时,将此事项通知买方企业,使买方企业明确其与供应商企业之间的债务关系已经被转让;而暗保理则相反,称为隐蔽保理或不通知保理,指的是供应商企业在对其应收账款进行保理时,不通知对应的买方企业。

②有追索权保理和无追索权保理。这种分类是按保理商对企业在接受保理之后有无追索权来划分的。其中,无追索权的保理又称买断保理,是指企业将其交易形成的应收账款,通过无追索权形式出售给专业保理商或银行等金融机构,从而获得一种短期融资。买断意指后期若因应收账款出现了任何问题,或是买方出现了信用风险等问题,保理商无法收回款项时,不应向供应商追回其前期发放的融资款项。有追索权的保理又称回购保理,是指保理

商到期应收账款无法收回时,保理商依然保留对企业的追索权,因此保理商所承担的风险较买断保理而言相对较小。而出售应收账款的供应商企业要承担相应的坏账损失。在会计处理上,该种情况被视同以应收账款作担保的短期借款。

③有担保的保理和无担保的保理。按照在应收账款保理过程中有无其他担保方可分为有担保的保理与无担保的保理。有担保的保理是指供应商企业在向保理商办理保理事项之时,因其信用没有达到保理商的要求或是保理商对该企业或该应收账款存在疑问等问题时,保理商会要求企业提供有一定资质的第三方担保,如供应链贸易中的物流企业等,以期在应收账款无法收回时,避免由保理商承担全部坏账风险。无担保的保理则是指在办理保理业务时,无须第三方担保企业来分担应收账款无法收回的风险。

④国内保理与国际保理。国内保理是指银行或保理商为交易行为仅限于境内的债权人、债务人提供保理服务。国际保理是指银行或保理商为交易行为超出同一国境内的债权人、债务人提供的保理服务,具体又可分为进口保理和出口保理。

⑤正向保理与逆向保理。根据保理业务过程中保理商依据的是交易过程买方还是卖方的信誉来提供保理划分,可分为正向保理与逆向保理。正向保理即上述所谓的普通保理,即保理商主要依赖的是卖方信誉,以买方为主体来提供保理业务。而逆向保理主要适用于与焦点企业有大量稳定贸易往来的小微企业以及客户信用评级比较高的小微企业。通俗地讲,逆向保理就是银行与焦点企业之间达成的,为焦点企业的上游供应商提供的一揽子融资、结算解决方案,这些解决方案所针对的是焦点企业与其上游供应商之间因贸易关系产生的应收账款。即焦点企业具有较强的资信实力及付款能力,无论任何供应商保有该焦点企业的应收账款,只要取得焦点企业的确认,就都可以转让给银行以取得融资。其实质就是银行对高质量买家的应付账款进行买断。

逆向保理与普通保理的根本区别在于:保理商是对作为供应链焦点企业的买家进行风险评估,而不是对供应商进行信用评估;由于对买家比较了解,保理商可以选择买家同意支付的应收账款进行融资,降低了整体风险。

(3)应收账款保理融资一般流程

保理业务的一般操作流程:保理商首先与其客户(即商品销售行为中的卖方)签订一个保理协议。一般卖方需将所有通过赊销(期限一般在90天以内,最长可达180天)而产生的合格的应收账款出售给保理商。签订协议之后,对于无追索权的保理,保理商首先需要对与卖方有业务往来的买方进行资信评估,并给每一个买方核定一个信用额度。对这部分应收账款,在买方无能力付款时,保理商对卖方没有追索权;而对于有追索权的保理,当买方无力付款时,保理商将向卖方追索,收回向其提供的融资。保理的业务流程如下。

第一,交易双方上下游企业达成购买协议,形成应收账款,下游企业将应收账款单据交付上游融资企业。

第二,融资企业将应收账款转让给银行等金融机构保理商。

第三,若是明保理,则保理商、融资企业通知供应链下游企业(买方)应收账款转让事宜,买方接到通知后跟保理商、融资企业进行确认。若是暗保理则无须通知。

第四，保理商根据融资企业的资信情况及应收账款数额确定融资额度，并发放给融资企业。

第五，到期供应链下游企业（买方）向保理商支付货款。

（4）应收账款逆向保理流程

逆向保理的业务流程共有6个基本步骤，具体如下。

第一，焦点企业（买方）与保理商之间达成协议合作关系。

第二，焦点企业（买方）与供应商之间达成交易关系，供应商向买方发货，产生应收账款。

第三，任意一家与焦点企业有债权关系的供应商向指定的保理商转让应收账款，并通知焦点企业进行确认。

第四，保理商对供应商进行资质核查，并请求焦点企业进行验证。

第五，保理商按照一定比例对供应商应收账款进行贴现。

第六，应收账款到期时保理商和买家进行结算。

3. 票据池授信

（1）票据池授信的概念

在商业贸易交易过程中，一般来说，应收账款是基于交易双方的信任而存在，而在相互之间信用体系还未建立完善的交易双方之间，应收账款的应用有较高风险，此时，交易双方，尤其是卖方会选择风险相对较低的商业票据；因而应收票据是以应收账款的一种载体而存在。

供应链金融中的票据主要指的是商业票据。根据深圳发展银行与中欧工商管理学院供应链金融课题组共同做出的定义，票据池业务是银行或其他金融机构向企业提供包括票据管理、托收、授信等在内的一系列结算与融资服务。其中，票据池授信是指企业将收到的票据进行质押或直接转让后，纳入银行授信的资产支持池，银行以票据池为限向企业授信。票据供应商通过银行的票据池业务，减少了自身票据管理的工作量，并能实现票据拆分、票据合并等效果，解决了票据收付过程中期限和金额不匹配的问题。

融资客户将用于支付的票据外包给银行进行票据保管、票据托收等服务，同时银行根据票据池的票据资产情况进行授信。因而，票据池业务能够最大限度地实现票据的融资功能，满足企业票据管理外包的要求，提升资金集中管理的能力。因此，票据池授信是未来很重要的一种供应链金融形态。

（2）票据池授信的功能

一般来说，票据池业务包含以下几个功能模块。

①票据托收。客户可对池内票据发起托收申请，在票据池可用担保额度足够时，商业银行将托收款项转入客户结算账户。

②池内票据信息管理。客户可从银行每日获取上一日票据池业务信息，包括入池托管、入池质押、票据出池、新开票据的数量与金额以及剩余可用额度等信息。还能通过银行柜面

或银企互联渠道查询与商业银行签订的票据池协议信息,包括生效日期、到期日期、企业分支机构账号、企业分支机构剩余开票额度等,并于票据到期前主动通过银企互联渠道向客户发送提醒信息,包括到期票据笔数、金额、票据号码、到期日期等。

③票据质押。客户将商业银行认可的低风险银行承兑汇票加入票据池进行质押,按照一定比例形成可用质押额度,该可用质押额度与票据池的保证金共同组成票据池可用担保额度。入池质押票据或保证金的变化会影响可用担保额度。

④票据贴现。客户可对池内票据发起贴现申请,在票据出池后进行贴现。

⑤票据转让。客户可对入池托管的票据发起转让申请,在票据出池后背书转让给供应链下游的企业。

4. 其他应收账款融资

应收账款融资模式除以上三种融资模式之外,还涵盖商业承兑汇票、国内信用保险和商业发票贴现等融资模式。

商业承兑汇票指的是企业凭自身商业信用而开出的一种票据,并且在固定的周期内支付一定金额给持票人或收款人。商业承兑汇票有一段账期,商业承兑汇票的持有者可持有、贴现或者背书转让。

国内信用保险是国际信用保险在我国落地生根发展而成的一种演变,一般只是国内保理或者商业发票贴现、应收账款质押业务的附加条件。信用保险是一种以买方付款信用为标的的保险。最初在国内出现的功能是旨在最大程度地达到出口企业规避买方付款的信用风险。

商业发票贴现指银行与卖方之间存在一种契约,根据该契约,卖方将现在或将来的基于其与买方(债务人)订立的货物销售合同所产生的应收账款转让给银行,由银行为卖方提供贸易融资、销售分户账管理、应收账款的催收等综合性金融服务。

(三)应收账款融资模式的主要风险

1. 应收账款的真实性

融资企业与下游企业之间的贸易关系是否真实存在,即应收账款单据的真实性应该结合买卖双方的货物运输单据、增值税发票等与之相关的资料进行审核,应收账款单据转让的合法、有效以及是否存在禁止转让的情况都是信用风险的影响因素。如果应收账款存在禁止转让的情况,或者对应收账款的真实性存在怀疑,但是银行已经授信给企业,就会产生违约风险。

2. 核心企业的信用状况

核心企业在供应链中起着担保的作用,应收账款融资能够顺利执行的关键在于核心企业的信用等级以及其市场地位、是否出现过交易违约或者其他影响信用的情况。一旦核心企业出现违约或者经营困难问题,就会影响整条供应链的运转,以应收账款为融资担保的银行贷款可能成为银行坏账,增加银行的信用风险。但是核心企业的规模大,信用程度较好,相对来说信用风险一般较小。

3. 贷后对回款的控制

债务企业销售产品后，出于自身利益的考虑，有可能不向债权企业支付应付账款，或者隐瞒企业销售产品获得的收入。应收账款融资模式的第一还款来源是销售收入，如果企业将其用于其他地方，违反了合同的规定，因此，商业银行存在着由此带来的风险。

4. 融资企业和债务企业

融资企业和债务企业由于受到宏观经济环境的影响，所处行业会产生巨大的变化，特别是一些应收账款金额较大，或者跟国家的政策密切相关的行业，如房地产行业等。宏观经济形势的走向会直接影响企业的发展，从而导致信用风险发生的概率极大地增加，商业银行遭受损失的概率加大。

5. 应收账款融资模式提供贷款额度时

应收账款融资模式提供贷款额度时，首次提供质押应收账款时按照要求提取，但是在收回部分款项后，银行将该部分的资金给予客户使用，而没有做收贷处理，这种操作会造成融资企业不能及时补充新的应收账款而导致质押率不足，加大了信贷风险。如果在审核应收账款时未能明确具体交易事项，信息登记不详细，出现冒充该笔应收账款的数据，也将使银行承担较大的损失。

二、预付款融资

（一）预付款融资的内涵

预付款融资模式是指在上游企业承诺回购的前提下，由第三方物流企业提供信用担保，中小企业以金融机构指定仓库的既定仓单向银行等金融机构申请质押贷款来缓解预付货款压力，同时由金融机构控制其提货权的融资业务。在此过程中，中小企业、焦点企业、物流企业以及银行共同签署应付账款融资业务合作协议书，银行为融资企业开出银行承兑汇票为其融资，作为银行还款来源的保障，最后购买方直接将货款支付给银行。这种融资多用于企业的采购阶段。预付款融资可以理解为"未来存货的融资"，预付款融资的担保基础是预付款项下客户对供应商的提货权，或提货权实现后通过发货、运输等环节形成的在途存货和库存存货。当货物到达后，融资企业可以向银行申请将到达的货物进一步转化为存货融资，从而实现融资的"无缝连接"。

（二）预付款融资模式的类型

根据已有研究与相关企业实践，预付款融资的主要类型可以归纳为如下几种。

1. 先票后货授信

先票后货是存货融资的进一步发展，它是指客户（买方）从银行取得授信，在交纳一定比例保证金的前提下，向卖方议付全额货款；卖方按照购销合同以及合作协议书的约定发运货物，并以银行为收货人，货物到达后设定抵质押作为银行授信的担保。在实践中一些热销产品的库存往往较少，因此企业的资金需求集中在预付款领域。同时，因为该产品涉及卖家及时发货、发货不足的退款、到货通知以及在途风险控制等环节,所以客户对卖家的谈判地位也是操作该产品的条件之一。对客户而言,由于授信时间不仅覆盖了上游的生产周期和在途时间,而且到货后可以转化为库存融资,因此该产品对客户流动资金需求压力的缓解作用要高于存货融资;因为是在银行资金支持下进行的大批量采购,所以客户可以从卖方争取较高的商业折扣,进而提前锁定商品采购价格,防止涨价的风险。对银行而言,可以利用贸易链条的延伸,进一步开发上游企业业务资源;通过争取订立卖方对其销售货物的回购或调剂销售条款,有利于化解客户违约情况下的变现风险。另外,由于货物直接从卖方发给客户,因此货物的权属要比存货融资模式更为直观和清晰。

先票后货授信的业务流程如下。

①企业、供应商与银行三方签署合作协议书;企业、监管方与银行签署仓储监管协议书。

②企业向银行缴存一定比例保证金。

③银行直接将授信资金作为预付款支付给上游供应商。

④供应商收到货款后在银行约定时间内发货到银行指定地点,以银行或银行指定的监管方为收货人。

⑤企业将货物抵(质)押给银行。

⑥企业提货之前,向银行按比例划付赎货款项。

⑦银行收到赎货款后通知监管方释放所抵 / 质押的货物。

对先票后货业务来说,在考察风险时需要重点关注以下问题。

①对上游客户的发货、退款和回购等履约能力要进行考察。

②在途风险的防范、损失责任的认定。

③到货后入库环节的控制。

2. 保兑仓融资模式

保兑仓融资模式是指在真实的交易背景下,核心企业承诺回购,中小企业以购买产品产生的应收账款为依据向银行申请融资,授信银行指定第三方的物流企业作为核心企业的发货中心,核心企业按照约定发货的融资模式。该种融资模式主要针对采购阶段的企业资金短缺情况,适用于下游的中小企业进行融资。中小企业的上游供应商处在强势地位,中小企业购买产品需要一定的预付账款,对于资金周转困难的企业来说,可以运用保兑仓的模式向银行提出融资申请,针对某笔特定的业务获得银行授信。

核心企业通过为下游的中小企业进行担保和承诺回购,不但帮助中小企业获得了银行授信,同时扩大了自身的销售,稳定了与下游企业的合作,为银行提供了新的盈利增长点,促进了供应链上资金流和物流的顺利运转。中小企业在获得贷款的同时,还获得了分批支付货款与分批提货的权利,节约成本的同时减轻了企业支付全款的压力。

保兑仓融资模式相较于应收账款融资模式来说,增加了第三方物流企业的参与来监管质押物品。融资企业和供应商之间进行交易,签订合同之后向银行申请融资,银行将既定仓单作为质押,审查企业的情况合格后向企业提供贷款,同时与供应商签订回购协议,与第三方签订仓储监管协议。银行根据供应商质押的仓单开具银行承兑汇票并交给供应商,之后供应商向融资企业进行分批放货,直到保证金账户余额不足时,供应商应该回购余下的货物。

保兑仓融资的具体流程如下。

①买卖双方签订购销合同,共同向经办行申请办理保兑仓业务。

②买方在银行获取既定仓单质押贷款额度,专门向该供应商购买货物。

③银行审查卖方资信状况和回购能力,若审查通过,签订回购及质量保证协议。

④银行与仓储监管方签订仓储监管协议。

⑤卖方在收到银行同意对买方融资的通知后,向指定仓库发货,并取得仓单。

⑥买方向银行缴纳承兑手续费和首次 30% 承兑保证金。

⑦卖方将仓单质押给银行后,银行开立以买方为出票人、以卖方为收款人的银行承兑汇票,并交予卖方。

⑧买方缴存保证金,银行释放相应比例的商品提货权给买方,直至保证金账户余额等于汇票金额。

⑨买方获得商品提货权,去仓库提取相应金额的货物。

⑩循环流程⑧～⑨,若汇票到期,保证金账户余额不足,卖方于到期日回购仓单项下剩余质押物。

银行承兑汇票到期前 15 天,如经销商存入的保证金不足以兑付承兑汇票,银行要以书面的形式通知经销商和生产组织资金兑付,如到期日经销商仍未备足兑付资金,生产商必须无条件向银行支付已到期的银行承兑汇票与提货通知单之间的差额及相关利息和费用。

银行需要详细评估焦点企业的资信和实力,并且需要防止焦点企业过度占用客户的预付款,并挪作他用。以上都要求银行与焦点企业之间操作的有效对接。

3. 国内信用证

国内信用证业务是指在国内企业之间的商品交易中,银行依照买方(客户)的申请开出符合信用证条款的单据支付货款的付款承诺,国内信用证可以解决客户与陌生交易者之间的信用风险问题。它以银行信用弥补了商业信用的不足,规避了传统人民币结算业务中的诸多风险。同时,信用证也没有签发银行承兑汇票时所设的金额限制,使交易更具弹性,手续更简便。此外,客户还可以利用在开证银行的授信额度开立延期付款信用来提取货物,用销售收入来支付国内信用证款项,不占用自有资金,优化了资金使用效率。卖方按规定发货后,其应收账款就具备了银行信用的保障,能够杜绝拖欠及坏账。对于银行而言,国内信用证相比先票后货授信以及担保提货授信,规避了卖方的信用风险,对货权的控制更为有效。同时,银行还能够获得信用证相关的中间业务收入。像公路隔离护栏、指示牌等配套设施生产企业,其上游产业链延伸是钢材生产企业或是大型的钢贸企业,这类企业实力和信誉资质较好。公路建设企业向其进行产品采购,假如企业的资金周转出现了问题,需要进行融资,对于处于这种情况下的企业,银行方面可以为其提供国内信用证业务。

国内信用证的具体业务流程如下。

①开证。开证行决定受理开证业务时,应向申请人收取不低于开证金额 20% 的保证金,并可根据申请人资信情况要求其提供抵押、质押或由其他金融机构出具保函。

②通知。通知行收到信用证审核无误后,应填制信用证通知书,连同信用证交付受益人

③议付。议付是指信用证指定的议付行在单证相符条件下,扣除议付利息后向受益人给付对价的行为。议付行必须是开证行指定的受益人开户行。议付仅限于延期付款信用证,类似于附追索权贴现,实质是抵押借款。议付行议付后,应将单据寄开证行索偿资金。议付行议付信用证后,对受益人具有追索权。到期不获付款的,议付行可从受益人账户收取议付金额。

④付款。开证行对议付行寄交的凭证、单据等审核无误后,对即期付款信用证,从申请人账户收取款项支付给受益人;对延期付款信用证,应向议付行或受益人发出到期付款确认书,并于到期日从申请人账户收取款项支付给议付行或受益人。

申请人交存的保证金和其存款账户余额不足支付的,开证行仍应在规定的付款时间内进行付款。对不足支付的部分做逾期贷款处理。

(三)预付款融资模式的风险

1. 中小企业的信用风险

银行对中小企业提供授信是以融资企业和核心企业之间的贸易背景为前提,如果融资企业的贸易合同本身存在问题,融资款项很可能用于与产品生产无关的领域中,款项无法收回便不能偿还银行贷款,银行便会遭受损失。中小企业在预付款模式下进行融资,银行会要求其交纳一定融资金额比例的保证金,剩下的融资额度以仓单作为担保,一旦中小企业出现违约或者经营不善,商业银行便会产生坏账。

2. 核心企业的信用风险

融资企业通过该种模式获得融资后,向核心企业支付预付账款,核心企业对融资企业进行发货,如果核心企业不能履行合约,可能会导致供应链的资金流断裂,影响银行贷款的偿还。但是,核心企业一般都是信誉度高的企业,在获得预付款后能够做出相应的发货义务和质量保证,之后第三方进行评估,融资企业进行提货,信用风险相对较小。

3. 第三方物流企业的信用风险

在保兑仓融资模式中,物流企业作为商业银行的信托责任人承担了一部分银行的工作,主要负责监管货物,其信托责任的缺失主要表现在两个方面:第一个是信息不对称引起的银行信贷风险,物流企业为了自身利益提供给银行假的数据,但是银行却无从得知,根据物流企业提供的信息提供授信,给银行带来了信贷风险;第二个是物流企业本身承担不了货物监管的工作,由于公司内部的管理缺失或者操作失误,造成银行和融资企业遭受损失的风险。

4. 操作风险

在保兑仓融资模式中，参与主体众多而且流程复杂，目前我国融资业务的发展不是很完善，可能会出现工作人员不专业、仓储监管方对质押物的审查不严格、在对质押物的价值评估中由于评估方法不科学造成的估值不准确等情况，损害了银行的利益。

5. 质押物的选择和监管风险

质押物的选择对供应链信用风险有很大影响，质押品的价格波动情况、质量好坏以及变现能力都是该环节主要考虑的因素。质押物的监管一般由第三方物流企业进行，因此，商业银行如何选择物流企业是非常关键的环节。质押物的监管风险主要来自物流企业的流程设计、公司内部的制度以及管理情况。如果物流企业的流程设计存在漏洞或者管理不善，对整条供应链也有很大的影响。银行与物流企业之间的信息不对称、信息滞后带来的决策失误，造成了质押商品的监管风险。

三、存货类融资

（一）存货融资的背景及概念

存货成本是供应链成本的重要组成部分。而存货成本中最为关键的就是被"锁定"在库存商品中的资金的占用成本与使用成本，其中资金占用成本实际上是资金的机会成本。企业在诸多可能中选择购买库存或制造库存，则意味着企业丧失了将该笔资金使用在其他选择上本可以获得的收益。资金的使用成本则来源于企业自身的融资成本，即企业通过债券融资和股权融资所获得资金的综合资本成本。以往的供应链与物流研究都是从加强供应链上下游之间的信息沟通角度出发，试图通过降低供应链中的"牛鞭效应"减少供应链企业库存，从而减少库存商品的占用成本和使用成本。而存货融资则能加快库存中占用资金的周转速度，降低库存资金的占用成本。由于产品生产周期不断缩短、需求市场波动频繁，缺乏良好融资渠道的中小企业陷入了两难的境地：一方面为了保证生产销售的稳定性，企业不得不保有大量库存应对市场变化；另一方面又希望尽快将库存转变为现金流，维持自身运营的持续性。在这样的背景下，存货融资对中小企业来说意义十分重大，尤其是在大多数中小企业无法改善供应链管理能力的情况下，存货融资成为提高流动性的重要手段之一。

库存融资又被称为存货融资。库存融资与应收账款融资在西方统称为 ARIF（accounts receivable and inventory financing），是以资产控制为基础的商业贷款的基础。存货与金融的结合历史悠久，甚至可以追溯到公元前 2400 年美索不达米亚地区出现的谷物仓库。英国最早出现的流通纸币（这种纸币是一种可兑付的银矿仓单）也是这方面的一个例子。到了 19 世纪，随着仓储行业的发展与成熟，物流企业（实际上绝大多数都是仓储企业）开始以第三方身份参与存货质押业务，从根本上改变了传统质押业务中银行与借款企业的关系。但这种质押属于静态质押，物流企业提供的只是仓储服务，对企业的支持力度较低。

（二）存货融资的类型

从实践角度出发，目前我国库存融资的形态主要分为以下几类。

1. 静态抵质押授信

静态抵质押授信是指客户以自有或第三人合法拥有的动产为抵质押的授信业务。银行委托第三方物流公司对客户提供的抵质押的商品实行监管，抵质押物不允许以货易货，客户必须打款赎货。静态抵质押授信适用于除存货以外没有其他合适的抵质押物的客户，而且客户的购销模式为批量进货、分次销售。静态抵质押授信是货押业务中对客户要求较苛刻的一种，更多地适用于贸易型客户。利用该产品，客户得以将原本积压在存货上的资金盘活，扩大经营规模。同时，该产品的保证金派生效应最为明显，因为只允许保证金赎货，不允许以货易货，故赎货后所释放的授信敞口可被重新使用。

2. 动态抵质押授信

动态抵质押授信是延伸产品。银行对于客户抵质押的商品价值设定最低限额，允许在限额以上的商品出库，客户可以以货易货。这适用于库存稳定、货物品类较为一致、抵质押物的价值核定较为容易的客户。同时，对于一些客户的存货进出频繁，难以采用静态抵质押授信的情况，也可运用该产品。对于客户而言，由于可以以货易货，因此抵质押设定对于生产经营活动的影响相对较小。特别对于库存稳定的客户而言，在合理设定抵质押价值底线的前提下，授信期间几乎无须启动追加保证金赎货的流程，因此对盘活存货的作用非常明显。对银行而言，该产品的保证金效应相对小于静态抵质押授信，但是操作成本明显小于后者。因为以货易货的操作可以授权第三方物流企业进行。

3. 仓单质押授信

仓单质押授信是国内运用较为成熟的一种供应链融资方式。按照平安银行的划分，仓单质押可以分为标准仓单质押授信和普通仓单质押授信，其区别在于质押物是否为期货交割仓单。

标准仓单质押授信是指客户以自有或第三人合法拥有的标准仓单为质押的授信业务。标准仓单是指符合交易所统一要求的、由指定交割仓库在完成入库商品验收、确认合格后，签发给货主用于提取商品的，并经交易所注册生效的标准化提货凭证。标准仓单质押授信适用于通过期货交易市场进行采购或销售的客户以及通过期货交易市场套期保值、规避经营风险的客户。对于客户而言，相比动产抵质押，标准仓单质押手续简便、成本较低。对银行而言，标准仓单质押的成本和风险都较低。此外，由于标准仓单的流动性很强，这也有利于银行在客户违约情况下对质押物的处置。例如，对于为公路建设提供钢材的企业来讲，企业手中可能会持有一定量的钢材的期货标准仓单，用以进行风险对冲操作，从而缩减成本及提高利润。但是，这又会在一定程度上占用企业的资金。在这种情况下，银行方面可以为企业提供标准仓单质押业务，用以满足企业的金融服务需求。

银行提供标准仓单质押的主要流程如下。

①客户在符合银行要求的期货公司开立期货交易账户。

②客户向银行提出融资申请，提交质押标准仓单相关证明材料、客户基本情况证明材料等。

③银行审核同意后，银行、客户、期货公司签署贷款合同、质押合同、合作协议等相关法律性文件，共同在交易所办理标准仓单质押登记手续，确保质押生效。

④银行向客户发放信贷资金，用于企业正常生产经营。

⑤客户归还融资款项、赎回标准仓单，或与银行协商处置标准仓单，将处置资金用于归还融资款项。

普通仓单质押授信是指客户提供由仓库或其他第三方物流公司提供的非期货交割用仓单作为质押物，并对仓单作出出质背书，银行提供融资的一种银行产品。应建立区别于动产质押的仓单质押操作流程和风险管理体系。鉴于仓单的有价证券性质，出具仓单的仓库或第三方物流公司需要具有很高的资质。

（三）存货类融资模式的主要风险

①由于自身的经营模式带来的非系统性风险，融资企业应该及时了解融资企业的生产和销售情况，防止企业出现经营风险导致的信用风险。

②存货融资模式中的质押品与保兑仓模式中的质押品来源不一样，存货类融资模式中质押品来自融资企业，这就涉及质押品的产权是否清晰、手续是否齐全合法、质押品的市场容量以及流动性和质押品的存放等问题，这些因素直接关系到质押品的变现能力。如果客户无法偿还贷款，银行可以将抵质押物变现，以其市场价值偿还。但是市场价值是变化的，遇上市场行情差时，质押物的变现能力弱，银行需要承担造成的损失。新巴塞尔协议框架下的风险信用缓释工具中，抵押非常重要，选择合格的抵押品能够降低融资企业的违约概率，同时降低银行所承担的损失。

③在该模式中，第三方物流监管公司的选择非常关键，物流企业需要中立地监管货物，防止其与融资企业合谋骗取银行的信贷资金。物流企业的提货流程应合理设计，避免出现由此带来的风险。

第 六 章　互联网金融销售模式

第一节　互联网基金

基金是指为了某种目的而设立的具有一定数量的资金。主要包括信托投资基金、公积金、保险基金、退休基金、各种基金会的基金。基金与网络的结合涉及的仅是其销售平台或模式的变化。

一、互联网基金的概念及分类

互联网基金是指借助互联网媒介实现投资客户与第三方理财机构的直接交流，从而绕开银行的理财模式，是对传统金融理财服务的延伸和补充。在这种金融"脱媒"的理财模式下，银行在客户和第三方理财机构之间不再起有偿连接作用，弱化了银行的金融中介地位，大大提高了理财效率并降低了理财成本。

互联网基金销售是指基金销售机构与其他机构通过互联网合作或自行销售基金的理财产品的行为。与传统的基金销售相比，该模式充分利用了互联网的便捷性。传统的基金销售是基金管理机构自行销售或委托第三方渠道进行代销理财产品的模式，主要利用门店及渠道来推广销售。这些销售方式具有明显的地域性及时间性，受制于物理网点的时间与空间。而互联网基金销售大大拓宽了时空维度，不受物理网点时间与空间的限制，大大提高了交易的效率，降低了销售的成本与费用。

互联网基金销售平台是指以互联网和电子商务技术为工具开展理财产品业务的媒介或渠道，这个平台在实践中有四类情形：第一类是包括基金管理公司在内的财富管理公司利用互联网技术搭建的平台开展理财产品销售业务，其实质是"理财产品＋互联网"；第二类是财富管理公司借助第三方互联网平台开展理财产品销售业务，主要是大型的电子商务平台或互联网比价平台等；第三类是大型的互联网公司开展理财产品销售业务；第四类是独立的第三方机构运用互联网开展理财产品销售业务。

二、互联网基金的特点及风险

（一）互联网基金的特点

基金与网络的结合创新，使得互联网基金理财除了具备传统基金理财的高流动性、高安全性和较高收益性的特点，还具有区别于传统基金理财模式的特点。

第一，互联网基金依靠大数据、社交网络、移动支付等现代信息技术，实现了交易场所的虚拟化。相比于传统基金理财模式，不但便利了基金的业务操作，降低了运营成本，而且大大提高了业务效率。

第二，可以实现基金产品和客户投资需求的高效匹配。在互联网基金理财模式下，投资者可以通过网络平台掌握更多有利于自身投资的信息并能轻松完成对各种基金产品的比对，从而筛选出适合自己的优质投资标的。更为重要的是，互联网基金理财作为互联网金融模式的重要内容，使绝大多数人(尤其是低收入阶层)都能够参与到这种金融创新活动中来，有效地缓解了金融排斥，很好地诠释了普惠金融的内涵。

（二）互联网基金的风险

互联网基金是对传统金融理财服务的延伸和补充，因此，不可避免地带有传统金融理财的各种风险，同时又具有不同于传统金融理财风险的新特性。

首先，这种风险的特性来源于网络的公共性和开发性。互联网基金理财得益于网络技术的发展，同时，也使其面临来自网络技术安全的风险。由于互联网基金交易场所的虚拟化，任何交易都在互联网平台进行，如果存在网络系统更新不及时、系统安全防范不严或是网络系统设计和建设不规范等问题，很可能造成黑客、病毒入侵或是理财机构内部人员有目的地非法窃取客户资料而导致客户信息数据的泄露，给客户带来资金损失。

其次，相比于传统的金融理财，互联网基金更易于发生信誉风险，这种倾向性主要来自互联网本身。在某些互联网基金出现亏损或是客户资金遭到来自不安全网络的威胁时，投资者就会丧失对互联网企业、第三方理财机构甚至是银行的交易信心。而且，在网络信息传播如此迅速的今天，任何有关投资者切身利益的信息(甚至包括谣言)都会很快地在网上传播。一旦某一机构的不利消息在网络蔓延，不仅会造成该机构发生挤兑、客户流失等情况，还可能导致整个互联网基金理财出现信誉危机。

最后，由于互联网基金在我国仍处于萌芽阶段，原来的有关传统金融理财的法规和监管措施在很多方面已不能适应目前的情况，而关于互联网基金理财方面的各种法律法规还不完善，存在很多法律约束的空白区。在这种不完善的法律环境下，互联网基金会产生多种形式的法律风险。

虽然现代网络信息技术使金融理财服务变得更加便捷、高效和人性化，但是也加速了风险的积聚过程。一旦某种潜在风险爆发，即便是很小的问题都很可能通过网络迅速扩散而传递到互联网金融的各个方面,从而引发连锁效应,很可能未来得及采取补救措施就已经引发巨大损失。因而,网络信息技术在风险发生可能性和作用范围上产生了扩大效应。

三、互联网基金的主体架构和业务流程

(一)互联网基金的主体架构

互联网基金涉及三个直接主体:互联网平台公司、基金公司和互联网客户。互联网平台公司是掌握一定互联网入口的第三方机构,是为其互联网客户提供基金购买的平台和接口;基金公司是基金的发行和销售者;互联网客户是互联网平台公司的注册客户,是基金的购买者。

以余额宝为例,余额宝在运营过程中涉及三个直接主体:支付宝公司、天弘基金公司和支付宝客户(见图 6-1)。

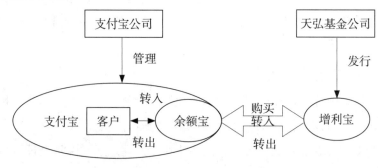

图 6-1 余额宝的主体架构

(二)互联网基金的业务流程

互联网基金业务流程完全通过互联网平台操作实现,主要包括用户注册申请(对于非互联网平台公司的注册客户)、利用银行卡进行实名认证、绑定银行卡、用户申购、申购确定和用户赎回。在余额宝的业务流程中,余额宝为支付宝客户搭建了一条便捷、标准化的互联网理财流水线。其业务流程又包括实名认证、转入、转出三个环节。

1. 实名认证

支付宝是一个第三方电子商务销售基金的平台,根据监管规定,第三方电子商务平台经营者应当对基金投资人账户进行实名制管理。因此,未实名认证的支付宝客户必须通过银行卡认证才能使用余额宝。

2. 转入

转入是指支付宝客户把支付宝账户内的备付金余额转入余额宝。转入单笔金额最低为1元,最高没有限额,为正整数即可。在工作日(T)15:00之前转入余额宝的资金将在第二个工作日(T+1)由基金公司进行份额确认;在工作日(T)15:00之后转入的资金将会顺延1个工作日(T+2)确认。余额宝对已确认的份额开始计算收益,所得收益每日计入客户的余额宝总资金。

3. 转出

余额宝总资金可以随时转出或用于淘宝网购支付,转出金额实时到达支付宝账户,单日 / 单笔最高限额为 5 万元。如果用快捷支付转出到储蓄卡,单日 / 单笔 / 单月最高限额可达 10 万元,实时转出金额(包括网购支付)不享受当天的收益。

四、互联网基金的影响

1. 对投资者的影响

节省了投资者前往银行的时间、交通成本,使投资者能享受更方便、快捷的服务,而且投资者利用互联网获取信息的成本也大大降低;可以保证投资者在任何时间、任何地点进行投资,投资者的行为不再受时空和最低资金要求的限制,提高了投资者的自由度,金融理财投资更加趋于民主化和大众化。

2. 对商业银行的影响

互联网提供个人理财服务,减少了信息不对称程度和交易成本,在一定程度上争夺了银行原有的客户。一方面,购买这类网上基金产品的资金积累得越多,给银行带来的协议存款成本就越大;另一方面,在互联网基金产品没有出现之前,客户投资基金产品的渠道大多是通过商业银行的代销,商业银行代理基金业务的收入也随着互联网基金的盛行而大幅缩水。以上两个方面都对商业银行的盈利能力带来了不小的冲击,在一定程度上损害了银行的利益,但是,从打破银行业的垄断地位、倒逼商业银行应对挑战改革经营模式的层面来讲是具有积极意义的。

五、互联网基金的监管

《关于促进互联网金融健康发展的指导意见》明确指出:基金销售机构与其他机构通过互联网合作销售基金等理财产品的,要切实履行风险披露义务,不得通过违规承诺收益的方式吸引客户;基金管理人应当采取有效措施防范资产配置中的期限错配和流动性风险;基金销售机构及其合作机构通过其他活动为投资人提供收益的,应当对收益构成、先决条件、适用情形等进行全面、真实、准确的表述和列示,不得与基金产品收益混同。第三方支付机构在开展基金互联网销售支付服务过程中,应当遵守中国人民银行、证监会关于客户备付金及基金销售结算资金的相关监管要求。第三方支付机构的客户备付金只能用于办理客户委托的支付业务,不得用于垫付基金和其他理财产品的资金赎回。互联网基金销售业务由证监会负责监管。

证监会强调,基金销售业务监管坚持确保投资者资金安全、销售适用性等原则。证监会制定完善了《证券投资基金销售结算资金管理暂行规定》等法规。而对互联网基金销售业务,中国证券业协会制定了《网上基金销售信息系统技术指引》等规范。从整体上看,基金销售业务监管的相关法律法规和机制已基本建立健全。互联网基金销售属于基金销售业务的一种业态类型,理应遵循现有基金销售业务规范。

此外,证监会再次重申了对基金销售业务的基本监管原则:一是要确保投资人资金安全,防止投资人资金被挪用或者被侵占;二是要防止欺诈、误导投资人行为的发生;三是要严格落实销售适用性原则,充分关注投资人风险承受能力与基金产品风险收益特征的匹配。

第二节　互联网保险

从目前互联网保险品种来看,现阶段占比较高的为理财型业务和车险。但从近阶段互联网保险业务的开展情况来看,目前的这些险种与渠道并非互联网保险真正的突破点,也不能将其视为未来互联网保险的发展方向,而在互联网生态链上的保险、技术驱动保险及空白领域的保险等或许是下一步的主流。而从风险管理的角度出发,互联网保险应该从目前简单的风险转移、转嫁功能向风险降低过渡,这是保险本质的真正体现。

一、互联网保险发展的缘由

中国保险行业的现实需求为互联网保险的发展提供了内生动力。虽然互联网保险的发展还远不如互联网在银行业、消费金融及理财上的发展,但相比于信托、证券、基金及期货,互联网保险已经站在了互联网金融发展的潮头。借助于互联网,一场保险业销售渠道的革命正悄然而来。

(一)传统销售体系遭遇成本较高而利润较低的发展瓶颈

现阶段,保险公司面临销售渠道受限的困境。一方面,代理人渠道问题重重;另一方面,面对垄断保险产品代销的银行渠道,保险公司逐渐丧失了议价能力和话语权,随着佣金费率的水涨船高,保险公司从银保渠道获取的利润越来越薄。互联网保险为保险行业带来的渠道创新机遇将成为公司关注利润增长的重点。

(二)保险行业整体形象亟待改变

长期以来,保险行业社会口碑较差、形象欠佳,被诟病的主要问题包括销售环节误导严重、理赔难问题突出和从业人员素质偏低。而互联网线上交易的模式避免了传统保险业务员推销骚扰的弊病,加强了公司对整个业务流程的监控,通过改变销售模式和重构行业价值体系,实现扭转负面形象的自我革新。

(三)保险行业产品和服务创新需求强烈

传统保险行业存在产品单一化、服务配套不足等创新缺失问题,在一定程度上偏离了以消费真实需求为中心的要求。与互联网交易特点相结合的保险产品服务设计将颠覆传统保险的设计思路,与大众生活结合得更为紧密。

（四）中小型保险公司寻求市场突破

通过部署在线投保渠道，中小型保险公司有机会从互联网保险金融的发展潮流中争取更多的市场份额，实现渠道的差异化竞争。

（五）满足保险消费群体的市场需求

20～35岁的人群是网络消费群体的主体，呈现出高知、高收入和年轻化的群体特征，互联网有助于提升保险公司对这部分消费群体的客源捕捉能力。

二、互联网保险的特征

互联网保险是新兴的一种以计算机互联网为媒介的保险营销模式，有别于传统的保险代理人营销模式。互联网保险是指保险公司或新型第三方保险网以互联网和电子商务技术为工具来支持保险销售的经营管理活动的经济行为。

与传统保险相比，互联网保险具有如下五大特征和优势。

（一）时效性

保险公司可以通过互联网实现全天候服务，同时免去了代理人和经纪人等中介环节，大大缩短了投保、承保、保费支付和保险金支付等进程的时间，提高了销售、管理和理赔的效率，使得规模经济更加突出，有利于保持保险企业的经营稳定性。

（二）经济性

互联网将帮助整个保险价值链降低成本60%以上。通过互联网销售保单，保险公司可以免去机构网点的运营费用和支付代理人或经纪人的佣金，大幅节约了公司的经营成本。保险公司同样能从互联网保险中获益：通过网络可以推进传统保险业的加速发展，使险种的选择、保险计划的设计和销售等方面的费用减少，有利于提高保险公司的经营效益。据有关数据统计，通过互联网向客户出售保单或提供服务要比传统营销方式节省58%~71%的费用。

（三）交互化

互联网保险拉近了保险公司与客户之间的距离，增强了双方的交互式信息交流。客户可以方便快捷地从保险服务系统获得公司背景和具体险种的详细情况，还可以自由选择、对比保险公司产品，全程参与到保单服务中来。相比传统保险推销的方式，互联网保险的客户能自主选择产品，客户可以在线比较多家保险公司的产品，保费透明，保障权益也清晰明了，大大降低了保险销售的退保率。

（四）灵活性

互联网保险的出现在一定程度上缓解了传统保险市场存在的一些问题，有助于实现风险识别控制、产品种类定价和获客渠道模式方面的创新，最大限度地激发市场的活力，使市场在资源配置中更好地发挥决定性作用。

（五）服务方面的便捷性

在线产品咨询、电子保单发送到邮箱等都可以通过轻点鼠标来完成。互联网让投保更简单、信息流通更快，也让客户理赔不再像以前那样困难，使保险服务更便捷、及时与迅速。

三、互联网保险平台简介及运营模式

互联网保险平台是指以互联网和电子商务技术为工具开展保险业务的媒介或渠道，在实践中有以下四种情形。

（一）保险公司直销官网

保险公司自建 B2C 电子商务网站，以保险客户为对象，将本机构设计的保险产品直接在线销售给有保险需求的客户。

（二）互联网企业电商网站

该模式指除保险公司自营网络平台之外，以电商企业自身的互联网渠道、场景为资源，为保险消费者和保险机构提供支持辅助销售的网络渠道式平台。互联网企业、电商网站参与互联网保险主要有两种方式：一是以门户、行业分类信息网站为主的基础引流渠道，保险公司利用互联网企业频道资源进行产品宣传展示，将用户引流至自平台交易，如和迅保险；二是以 B2C、O2O 电商平台为主的场景嵌入式渠道，借用互联网交易场景关联保险产品销售，如淘宝保险。

（三）互联网保险公司

互联网保险公司是指经银保监会批准设立，依托互联网和移动通信等互联网线上技术，保险业务全程在线，完全通过互联网线上进行承保和理赔服务的保险从业公司。当前获得牌照的互联网保险公司包括众安保险、泰康在线、百安保险、易安保险、安心保险等。

（四）专业第三方互联网保险平台

此类平台属于互联网金融信息门户，是保险类网络平台，以独立第三方的角色为保险消费者和保险企业提供产品销售和专业服务，能够起到中间制衡作用。平台聚合资源能力强大，具备专业服务优势，主要包括 O2O 模式、B2C 模式以及 O2O 和 B2C 相结合模式三种。

四、互联网保险的法律监管

互联网金融发展至今已经数年，网络贷款、网络理财、股权众筹、消费金融、互联网保险、互联网证券等多种互联网金融形态已经呈现百花齐放的状态，尤其是 P2P 网贷模式更是显现出一片繁荣而混乱的景象。虽然在 P2P 网贷领域出现了大量问题，但监管层却给予了极大的宽容与耐心，并没有因噎废食而采取"一刀切"的做法，而是采取了极其客观、谨慎的监管态度。截至目前，虽然互联网金融相关业态的法律法规尚未完全出台，但互联网保险是一个例外，2020 年，中国银保监会出台了《互联网保险业务监管办法》。《互联网保险业务监管办法》主要体现为以下八个方面。

（一）关于经营主体

本办法所称保险机构是指经保险监督管理机构批准设立，并依法登记注册的保险公司和保险专业中介机构。保险专业中介机构是指经营区域不限于注册地所在省、自治区、直辖市的保险专业代理公司、保险经纪公司和保险公估机构。

（二）关于经营方式

互联网保险业务应由保险机构总公司建立统一集中的业务平台和处理流程，实行集中运营、统一管理。除本办法规定的保险公司和保险专业中介机构之外，其他机构或个人不得经营互联网保险业务。保险机构的从业人员不得以个人名义开展互联网保险业务。

（三）关于自营网络平台条件

具有支持互联网保险业务运营的信息管理系统，实现与保险机构核心业务系统的无缝实时对接，并确保与保险机构内部其他应用系统的有效隔离，避免信息安全风险在保险机构内外部传递与蔓延。

（四）关于第三方网络平台条件

具有安全可靠的互联网运营系统和信息安全管理体系，实现与保险机构应用系统的有效隔离，避免信息安全风险在保险机构内外部传递与蔓延；能够完整、准确、及时地向保险机构提供开展保险业务所需的投保人、被保险人、受益人的个人身份信息、联系信息、账户信息以及投保操作轨迹等信息；最近两年未受到互联网行业主管部门、工商行政管理部门等政府部门的重大行政处罚，未被中国银保监会列入保险行业禁止合作清单。

（五）关于经营险种

人身意外伤害保险、定期寿险和普通型终身寿险；投保人或被保险人为个人的家庭财产保险、责任保险、信用保险和保证保险；能够独立、完整地通过互联网实现销售、承保和理赔全流程服务的其他财产保险业务。

（六）关于信息披露

销售人身保险新型产品的，应按照《人身保险新型产品信息披露管理办法》的有关要求进行信息披露和利益演示，严禁片面使用"预期收益率"等描述产品利益的宣传语句。保险产品为分红险、投连险、万能险等新型产品的，须以不小于产品名称字号的黑体字标注收益不确定性，以及保险产品销售区域范围。

（七）关于经营规则

投保人交付的保险费应直接转账支付至保险机构的保费收入专用账户，第三方网络平台不得代收保险费并进行转账支付。保费收入专用账户包括保险机构依法在第三方支付平台开设的专用账户。保险机构应完整记录和保存互联网保险业务的交易信息，确保能够完整、准确地还原相关交易流程和细节。交易信息应至少包括：产品宣传和销售文本、销售和服务日志、投保人操作轨迹等。第三方网络平台应协助和支持保险机构依法取得上述信息。保险机构应防范假冒网站、App 应用等针对互联网保险的违法犯罪活动，检查网页上对外链接的可靠性，开辟专门渠道接受公众举报，发现问题后应立即采取防范措施，并及时向银保监会报告。中国保险行业协会依据法律法规及中国银保监会的有关规定，对互联网保险业务进行自律管理。

（八）关于自律组织

中国保险行业协会应在官方网站建立互联网保险信息披露专栏，对开展互联网保险业务的保险机构及其合作的第三方网络平台等信息进行披露，便于社会公众查询和监督。中国银保监会官方网站同时对相关信息进行披露。

第三节　互联网证券

一、互联网证券概述

（一）互联网证券的概念

互联网证券是电子商务条件下的证券业务的创新，互联网证券服务是证券业以互联网为媒介，为客户提供的一种全新商业服务。互联网证券包括有偿证券投资资讯（国内外经济信息、政府政策、证券行情）、互联网证券投资顾问、股票网上发行、买卖与推广等多种投资理财服务。

互联网证券交易是投资者利用互联网资源，包括公用互联网、局域网、专用网、无线互联网等各种手段，传送交易信息和数据资料并进行与证券交易相关的活动。其中包括获取国内外各交易所的实时报价、查找与证券交易相关的财经信息、分析证券市场行情、进行网上委托下单等。

（二）互联网证券交易的风险

网上证券交易除具有一般证券交易所具有的风险之外，还具有以下风险。

第一，因在互联网上传输，交易指令可能会出现中断、停顿、延迟、数据错误等情况，使投资者不能正常进行委托的风险。

第二，由于电脑病毒、黑客侵入、硬件设备故障的影响，可能导致行情和委托指令出现中断、停顿、延迟和错误，使投资者不能及时进行网上证券委托或发生错误交易的风险。

第三，在互联网上进行证券委托，存在机构或投资者的身份被仿冒的风险。

第四，由于投资者不慎将股东账号、交易密码或身份识别（CA）证书文件遗失，存在发生违背投资者意愿委托的风险。

第五，由于投资者委托他人进行网上证券委托，存在被委托人违背投资者意愿买卖证券或提取资金的风险。

第六，互联网发布的证券行情信息及其他证券信息由于传输速度的原因可能滞后或出现错误或误导，投资者据此操作造成损失的风险。

第七，互联网发布的金融证券信息仅代表个别人士或机构的意见，仅供参考，据此操作可能造成投资损失的风险。

第八，互联网上的数据传输可能因通信繁忙出现延迟，或因其他不可抗拒的原因出现中断、停顿或数据不完全、数据错误等情况，从而使得网上证券委托出现延迟、停顿或中断，造成网上证券委托的用户无法及时进入交易系统、无法查看行情而影响交易造成损失的风险。

第九，由于相关政策变化，网上证券委托规则、委托软件和委托办法发生变化导致的风险。

第十，由于不可抗力，投资者不能及时进行委托或发生错误交易的风险。

二、互联网证券的主要模式

互联网证券交易是投资者利用互联网资源，获取证券的及时报价、分析市场行情，并通过互联网委托下单，实现实时交易。如果纯粹从交易过程来看，互联网证券交易与传统证券交易方法的不同主要体现在交易信息在客户与证券营业部之间的传递方式上。传统的证券交易方法包括投资者通过证券营业部柜台下单或通过电话委托等方式进行交易，其特点是投资者的交易指令或是直接传递给证券营业部的营业员，或是通过封闭的电话专线传递，因此信息传递的安全性与投资者发出的指令的到达可靠性都有保证。互联网证券交易与传统证券交易方法的最大区别就是：它是通过公共网络即互联网传输的，大大提高了业务处理的便捷性，但其安全性是依靠加密技术、区块链、分布式处理等信息安全技术加以保障的。

目前，我国互联网证券的主要经营模式大致可分为证券公司主导模式、IT公司参与发起模式、券商与银行合作模式以及银行＋证券商＋证券网合作模式。

（一）证券公司主导模式

证券公司主导模式即证券公司自己建立广域网站点，营业部直接和互联网连接起来，形成"投资者计算机—营业部网站—营业部交易服务器—证券交易所信息系统"的交易通道。

（二)IT公司参与发起模式

网上证券交易在国内开始是由券商全权委托IT公司负责的，即IT公司（包括网上服务公司、资讯公司或软件系统开发商）负责开设网络站点，为客户提供投资资讯，而券商则以营业部为主在后台为客户提供网上证券交易的渠道，最初开展网上证券交易的券商基本采用了此种模式。

证券公司主导模式与 IT 公司参与发起模式的区别如表 6-1 所示。

表 6-1 证券公司主导模式与 IT 公司参与发起模式的对比

项目	证券公司主导模式	IT 公司参与发起模式
网络技术的基础和积累	新兴的业务，网络技术人才引进	网络人才集聚，技术成熟适用
电子化网上证券交易	经纪业务的主动性"坐商"	电子个性化被动性"行商"
发展和应变的能力	原创性的研究成果和"绝密"信息的吸引力强	海量信息和智能选股模型的多样化
平台建设和营销的成本	先期投入成本大，后期维护成本低	前期已经投入，但对租用平台无自主权，客户维护成本高
交易区域性的局限	各地电信、移动、银行等一系列的合作协议	网上证券交易平台，有互联网服务提供商（ISP）的优势

（三）券商与银行合作模式

这种模式是在券商与银行之间建立专线，在银行设立转账服务器，可用于互联网证券交易资金查询，资金账户与储蓄账户合二为一，实现银行账户与证券保证金之间的及时划转。采用这种方式，投资者只要持有关证件到银行就可办理开户手续，通过银行柜台、电话银行、网络银行等方式进行交易。

（四）银行＋证券商＋证券网合作模式

这种模式是投资者一次交易由三方合作完成：银行负责与资金相关的事务；券商负责互联网证券交易的委托交易、信息服务等与股票有关的事务；证券网负责信息传递和交易服务等事务。这种模式下形成了三个独立系统：资金在银行系统流动、股票在券商处流动、信息在证券网站上流动。

无论以哪一种模式开展互联网证券业务，以客户为中心，加强客户关系管理，满足客户不断变化的需求，使服务更加专业化，都应是其核心内容。

三、传统券商的互联网化转型

基于对互联网金融发展的前瞻性认识和向财富管理转型的战略目标，传统券商的互联网化转型一般包括三个方面：一是标准化业务向互联网平台集中；二是大力发展"轻型营业部"，使高端客户和个性化服务向线下平台集中；三是以国际化带动互联网化布局与发展。

（一）积极开展互联网金融产品、服务和交易方式创新

在线上方面，各传统券商持续推进以移动互联网平台为核心的互联网发展战略，打造智能化的移动互联网终端 App，实现通过互联网平台低成本、高效率地为客户提供标准化服务的目标。

（二）适应互联网证券发展趋势，升级传统营业网点功能，大力发展"轻型营业部"

目前，几乎各大券商的官网、手机端都开设了网上营业厅，网上开户是基本功能，除此之外还有创业板转签、港股通、债券质押式逆回购、OTC（场外交易）业务等。在线下方面，营业部逐步转变为高端客户综合服务平台、产品综合配置平台、互联网落地平台、区域资源整合平台，在提供标准化服务的基础上，集中网点资源重点针对高净值客户、机构客户及企业客户提供个性化的综合金融服务，而传统营业部的现场交易功能逐渐被互联网证券交易所取代。中国证券业协会发布的《证券公司证券营业部信息技术指引》将券商营业部分为A、B、C三种类型。其中，A型营业部为一般传统营业部，提供现场交易服务；B型营业部提供部分现场交易服务；C型营业部既不提供现场交易服务，也不需要配备相应的机房设备，即"轻型营业部"。由此可见，与A型营业部动辄上百万的设立成本相比，C型营业部成本低，更像是社区营业部，适合券商快速布点并就近提供增值服务。互联网证券的便捷性和灵活性正好为大力发展"轻型营业部"创造了条件。

第四节　互联网理财

一、互联网智能理财的概念及优势

（一）智能理财的概念

智能理财又称智能投顾，其原理出自马柯维茨（Markowitz）的"投资组合理论"，该理论于20世纪50年代提出，并获得了1990年诺贝尔经济学奖。

智能理财，简单来说就是通过计算机、互联网、大数据技术，基于现代投资组合理论构建模型和算法，结合个人投资者的具体主观风险偏好和客观风险承受能力及理财目标，通过后台算法给客户进行资产配置优化。更简单的描述是"计算机＋大数据＋互联网＋资产组合理论"。和智能理财相对应的是人工理财，指的是通过投资顾问（理财师）做投资规划；自己为自己做投资规划也算人工理财。人工理财依靠的是人的力量，主要是投资顾问凭借丰富的经历，掌握的经济、金融、财务、法律知识，以及对各个资产类别、理财产品的熟知而为投资者提供服务。而这些就是智能理财数据库里面的资料。

（二）智能理财的优势

1.客观

智能理财相对于投资顾问来说不会有"私心"，不受个人情绪影响，战胜了人性。

2.专业

国内的投资顾问水平参差不齐，不少人缺乏专业训练和相关知识。智能理财的背后却是由专业的经济、资产配置专家搭建的模型。

3. 效率高

从理论上说，一个投资顾问在正常的知识储备、研究精力的情况下，擅长的投资组合可能是几十到几百个，而全球市场的投资组合几乎是以万亿计的，人工智能的超级运算能力是完全可以胜任的。

4. 收费低

智能理财比人工理财收费低，人工理财收费是 1%～3%，智能理财收费是 0.25%～0.75%。

5. 便捷

人工理财基本上做不到随时随地服务，但是智能理财可以不受地域、天气、时间影响，做到全天候服务。随着移动互联网技术的发展，智能理财还将更加便捷和友好。

二、互联网智能理财产生的背景

在美国，智能理财被认为是解决"10 万美元困境"问题的有效方式。什么是"10 万美元困境"呢？主要是指中产阶级在财富管理上遇到的问题，手握 10 万美元可投资资产的"中产"阶级往往在财富管理上属于"初入门"阶段，而大多数财富管理机构的目标人群都是 100 万美元以上的客户。10 万美元的客户虽然很需要专业的资产配置建议，但却无法承担相对较高的人工服务成本。未来最贵的是人工，而每一位理财师背后都是一个庞大的团队在支撑，不是单个人。因此，智能理财是最适合"中产"的资产配置服务模式。

智能理财类似于商业银行的私人银行线上化，只不过没有了一对一服务和人工推荐，而是通过模型算法得出资产组合。但是国内的智能理财仍处于初级阶段，目前所呈现的还只是基金、各种"宝"、保险以及 P2P 这类简单的资产投资，而一些复杂的海外资产投资尚未进入国内智能理财的"篮子"里。

例如，阿里巴巴旗下的蚂蚁金服上线的蚂蚁聚宝 App 未来将包括智能理财等业务。而京东金融也上线了智能理财平台"智投"的 PC 端。此外，还有不少 P2P 平台推出了相应的智能理财 App，投资者用手机 App 就可以按照自己的喜好进行"资产配置"。

据了解，目前这类智能理财平台主要是基于用户个人投资需求和风险偏好，通过用户画像，帮助用户快速找到最适合自己的投资方式。

如此一来，带有资产配置性质的智能理财已经不再仅是高端客户使用的理财方法，普通的投资者也可以使用。据公开资料显示，我国是储蓄大国，市场上有大量闲散资金，但合适的理财投资产品有限。

国内的智能理财平台主要从两类机构发展而来，一类是互联网平台，另一类是财富管理机构。

三、智能理财在国内外的发展现状

在美国，智能理财的发展主要得益于两个阵营，一个是传统的金融机构，另一个是新兴的理财平台。例如，传统的金融机构高盛很早就开始关注智能理财领域，但是传统金融机构一般相对保守，只有对市场有比较大的把握和信心后才会出手。另外，一些新兴的理财平台包括 Wealthfront、Motif Investing、Personal Capital、Betterment 、Learn Vest、SigFig、FutureAdvisor 等，既有纯技术平台，也有人机结合的平台。

从国内来看，智能理财的发展相对来说情况复杂，传统金融滞后，新兴的金融服务大多也在摸索，缺乏监管措施和行业标准。智能理财提供商基本上可以分为两大类：第一类也是传统的金融机构，比如银行、券商、基金公司等。对于传统金融机构来说，其服务内容链条较长，智能机器人的应用也并不局限于投资顾问的角色，甚至还在提供一些其他的金融服务。第二类是非传统金融机构，如京东的智投、百度的理财智能机器人、宜信财富的投米 RA 等，以及一些创新平台，如蓝海财富、理财魔方。这类公司相对于传统的金融机构来说功能更加集中，主要体现在资产配置上，所以这一类机构推出的智能理财服务更专注一些。

第七章 信息化金融机构及互联网金融创新

第一节 信息化金融机构

一、信息化金融机构概述

信息化金融机构是指通过广泛运用以互联网技术为代表的信息技术,对传统运营流程、服务产品进行改造或重构,实现经营管理全面信息化的银行、证券和保险等金融机构。

2013 年以来,金融行业信息化进入了创新机遇期。经历了之前十余年的数据和业务的集中建设,包括银行、保险、证券在内的金融行业信息化正在走向一个全新的阶段。基于云计算、大数据、移动与智能以及社交网络等第三类平台的金融服务,正在成为新的金融业务创新及增值点。

下面对信息化金融机构的发展背景及特点加以简要介绍。

(一)信息化金融机构的发展历程

我国金融行业的信息化发展历程分述如下。

①从最初电子设备在银行的使用和普及,到银行网络化的建设及应用,银行信息系统建设大体经历了三个阶段。第一个阶段是从 20 世纪 70 年代末到 80 年代,是以电子银行业务为主的阶段,银行开始采用信息技术代替手工操作,实现银行后台业务和前台兑换业务处理的自动化;第二个阶段是从 20 世纪 80 年代到 90 年代末,是以连接业务为代表的银行全面电子化建设阶段,我国银行业在全国范围内建起了一批基于计算机网络的应用系统,实现了处理过程的全程电子化;第三个阶段是从 20 世纪 90 年代末至今,是以业务系统整合、数据集中为主要特征的金融信息化阶段。

②我国保险业的信息化发展历程也大体经历了三个阶段。20 世纪 80 年代末到 90 年代初为起步阶段,国内一些大型保险公司初步实现了办公系统的信息化;20 世纪 90 年代中后期,随着网络技术的发展,我国保险业加快网络的应用,基本实现了保单电子化、保险业务流程信息化和网络化,所有大型保险公司开始对业务进行系统整合;21 世纪以后,保险业信息化程度有了新的飞跃,这一阶段的保险业积极开展电子化建设,信息化的主要成就有不断

开发保险新产品、精算的效率与保费计费的科学性不断提升等。

③我国证券行业信息化起步较早，发展较快。证券业最早应用信息技术的是证券交易所。20世纪90年代，上海证券交易所通过计算机进行了第一笔交易，深圳证券交易所复合系统正式启用。多年来中国证券市场发展迅速，证券交易所里的信息化成就主要包含四个方面：交易系统、信息平台系统、通信系统和监管系统。证券公司作为证券业的经营主体，也是证券信息化的主体。目前，国内所有的证券公司都建立了网上交易系统，通过互联网实现了全公司互联的集中交易。在管理、决策和风险控制方面也基本实现了信息化，包括稽核系统、财务系统和统计系统。

（二）信息化金融机构的特点

总体来说，与传统金融机构相比，信息化金融机构有如下特点。

1. 金融服务更加高效便捷

以往，传统金融机构通过信息技术投入、硬件设施升级等基础性信息化建设，实现了工作效率的极大提升。信息化金融机构通过以互联网技术为基础的更高层次的信息化建设，对传统运营流程、服务产品进行了改造或重构，更是在金融服务方面取得了质的提升。更加高效、快捷的金融服务成为信息化金融机构的一个显著特点。

从用户体验出发，信息化金融机构简化了很多业务流程，过去很多需要用户亲自去金融机构网点办理的业务都直接简化为用户的自助行为或线上行为。这种简化通过金融机构广泛建设的智能硬件和普及的网络终端得以实现，如ATM、手机银行、网上银行、券商在线开户等。

2. 资源整合能力更加强大

现代金融机构的业务构成复杂，信息化建设使得金融机构能够实现业务的整合。同时，通过完整的IT建设，可以使金融机构按照一个统一的IT架构将机构内部各管理系统全部整合到一个内部关系系统，使得可运作的空间更为广阔，如银行可以将信贷业务整合成产业链，在信贷产业链上把上、下游的企业结合起来。这就是所谓的供应链金融。

3. 金融创新能力更强

信息化建设极大地提高了金融机构的创新能力，使金融行业不断涌现出新型的金融产品。比如手机银行，作为移动互联网时代的产物，它极大地方便了人们的日常生活，无论是转账、生活缴费还是投资理财，仅仅通过触摸屏幕就能实现。理财产品种类也日益丰富，更多低门槛平民理财产品也随即出现。另外，线上线下业务的创新组合在给人们的生活带来便利的同时，也拓展了金融机构自身的服务空间。

以上是对信息化金融机构整体状况的简要介绍，下面将根据金融机构的不同类型进行具体分析。

二、互联网时代的银行

随着信息技术的进步，互联网企业开始涉足银行业，面对巨大的竞争压力，传统银行开始积极探索新的网络运营模式以赢得市场。

（一）互联网时代的网上银行

传统银行网上业务一般指传统商业银行借助互联网技术、平台等手段开展相关业务等。而互联网时代下的新兴银行业务不再局限于网上银行这种形式，更多注重于面向更广大群体提供更全面的金融服务。

互联网时代下的银行以为客户提供从资金结算到信贷融资的全方位金融服务为主要发展趋势，与传统电商平台仅提供电商交易服务不同，业务更面向广大企业和个人，更立足于金融服务。除去已发展较为成熟的电脑网上银行客户端，互联网时代下银行业务也扩展到了移动互联网领域，手机银行、微信银行等都属于互联网时代下新银行业务的典型例子。

互联网时代网上银行主要有以下特点。

1. 全面实行电子化交易

网上银行在经营业务的过程中实现了无纸化，全面使用电子货币代替传统纸币，如电子钱包、电子现金等。整个过程节约了经营成本，既提高了银行业务的操作速度，又提高了服务的准确性。基于网络运行的电子货币还可以为政府税收部门和统计部门提供准确的金融信息。

2. 运营成本低廉

网上银行以虚拟的电子服务方式代替了面对面的服务方式。由于通过互联网技术取消了物理网点，降低了人力资源等成本，从而大大节省了运营费用，使其具有传统银行不可比拟的成本优势。据统计，网上银行的经营成本只占经营收入的 15%~20%，而传统银行的经营成本占整体收入的 60%。

3. 服务更标准化、多样化和个性化

与传统银行不同，网上银行以客户体验为中心，将互联网精神融入金融行业中，提供更加标准化、多样化、个性化的服务，避免了传统银行营业网点因个人素质和情绪状态不同而带来的服务满意度差异。

（二）互联网时代的网上银行模式

目前，我国网上银行模式可以概括为以下几种。

1. 传统的电子银行模式

中国银监会颁布的《电子银行业务管理办法》中规定，电子银行业务是指商业银行等银行业金融机构利用面向社会公众开放通信通道或开放型公众网络以及银行为特定自主服务设施或客户建立的专用网络，向客户提供的银行业务。

电子银行业务包括：利用计算机和互联网开展的银行业务；利用电话等声讯设备和电

信网络开展的银行业务；利用移动电话和无线网络开展的银行业务；其他利用电子服务设备和网络，由客户通过自助服务方式完成金融交易的银行业务。

电子银行业务的具体功能有查询、转账汇款、缴费支付、信用卡服务、公积金管理、网上支付、外汇买卖、证券买卖等。

2. 直销银行模式

直销银行是指业务拓展不以柜台为基础，打破时间、地域、网点的限制，主要通过电子渠道提供金融产品和服务的银行经营模式和开发模式。这种模式能够为客户提供简单、透明、优惠的产品，具有显著的市场竞争力和广泛的客户吸引力。

直销银行几乎不设立实体业务网点，其主要通过互联网、移动终端、传真等媒介工具，实现业务中心与终端客户直接进行业务往来。直销银行是有独立法人资格的组织，其日常业务运转不依赖于物理网点，因此在经营成本方面较传统银行更具有优势，能够在经营中提供比传统银行更具吸引力的利润水平高、费用更低廉的金融产品和服务。

3. 金融电商模式

随着电子商务的发展，商业银行也积极布局网上商城，探索新型发展模式。目前银行业的金融电商主要有两种形式：第一种是网上商城，如建设银行的"善融服务"、交行的"交博汇"等，其业务领域涵盖商品批发和销售、房屋交易等，业务对象包括企业和个人；第二种是信用卡商城，招商银行、民生银行、中信银行等多家银行已上线信用卡商城，为消费者提供在线购物、分期付款等服务。

4. 网贷平台模式

随着 P2P 行业的发展，越来越多的银行纷纷建立自己的网贷平台，如平安银行的"陆金所"、国家开发银行的"开鑫贷"、民生银行的"民生易贷"等。各家银行网贷平台的业务又不尽相同，如陆金所主打的是网络投资平台和金融资产交易服务平台，为小微企业、金融机构及合格的投资人提供综合性服务；开鑫贷的定位则是为中小微及"三农"客户提供金融服务，引领民间融资的规范化发展。各家平台的收益率亦有较大差异，总体来说，比银行理财产品高一些，但相对于其他网贷平台的收益率要偏低。

5. 互联网理财模式

继余额宝掀起互联网理财热潮后，商业银行也在积极推出互联网理财产品。在银行资金宽裕的情况下，多家银行纷纷推出与余额宝类似的产品，如中国银行的中银活期宝、兴业银行的掌柜钱包、民生银行的如意宝等。这些产品在设计上都与余额宝类似，挂钩货币市场基金，购买后可以定期获得一定的收益。

（三）互联网时代下的银行发展趋势

从目前来看，互联网时代下银行的发展趋势有如下几种。

1. 构建银行业的 O2O 模式

O2O 模式（线上线下结合模式）起源于互联网，互联网金融的兴起冲击了固有的传统金融的发展理念,为银行业的发展提供了新的思路。银行业的 O2O 模式是指综合线上、线下渠道以满足用户的多种需求。未来银行一方面将注重建立拓展线下服务网点,维系好自己已有的客户规模,另一方面将进一步丰富网络服务渠道的多样性,不仅注重通过银行网站、客户端等为用户提供线上服务的传统模式,更注重发展新兴的线上服务模式,比如与社交平台结合的微信银行、自建电商平台等。

2. 业务的设计、推广、运营将发生颠覆性变化

①网上业务的设计将更加注重差异性。传统银行对个人银行业务不够重视由来已久,技术的革新使挖掘用户的需求、为其定制专属的服务成为可能,用户需求的多样化也会促进业务种类的丰富。

②网上银行业务的推广方式将更加多元化。随着互联网与银行业的融合发展程度逐渐加深,银行对新业务的宣传推广将有更多选择,逐渐尝试在网络媒体、平台宣传新业务将成为网上银行的发展趋势之一。

③网上银行在运营上会更注重电子商务的发展。一方面对已有的电商平台进行不断丰富、改进,另一方面会加强与第三方电商平台的合作。

3. 进一步推进信息化银行建设

在服务理念层面上,网上银行更注重用户体验。具体表现在充分运用互联网技术,建立服务反馈机制,直接获悉用户的满意度,将重视用户体验贯穿整个运营流程。

在技术层面上,网上银行将更重视数据挖掘和加大创新力度。在大数据时代,从技术角度来看,对数据进行深度挖掘分析并最大化数据的价值已非难事。网上银行将重视并发挥数据在决策、营销、风控等方面的导向作用,提升经营、管理水平。网上银行对产品、服务创新的重视远高于传统银行,为进一步提升自身竞争力,未来网上银行对创新的重视度将只增不减。

网上银行将向打造一体化的金融平台进军,集中交易信息、金融信息、物流信息等,进一步推进银行的信息化建设。

三、互联网信托

信托业作为我国现代金融体系的重要组成部分,在银行、保险、证券等纷纷"触网"的潮流下,也在积极寻求同"互联网+"相结合。

(一)互联网信托的定义

传统意义上的信托指的是委托人基于对受托人的信任,将手中的财产交由受托人,受托人依照委托人的意愿对其进行管理的行为。信托是一种理财方式,是一种特殊的财产管理制度和法律行为,同时又是一种金融制度。信托与银行、保险、证券一起构成了现代金融体系。信托业务一般涉及三方当事人,即投入信用的委托人、受信于人的受托人以及受益于人的受益人。

互联网信托实际上是指委托方通过信托公司或其他信托机构提供线上平台，在网上签订信托合同、转让信托产品、查询信托财产以及有关交易情况的信托业务运作模式。

（二）互联网信托的模式

现阶段，互联网信托主要有以下模式。

1."信托公司 + 互联网"模式

"信托公司 + 互联网"模式由信托公司主导，开辟网上平台渠道。信托公司将手中已有的融资端客户和项目放到网上平台进行直接融资，或者允许持有该公司信托产品的投资者将信托的收益权抵押给平台或第三方机构，以此来融资，从而实现信托产品的流转。这种模式的好处在于整个交易都处于信托的监控之下，风险易于把控，专业性较强。创新之处在于这种模式并非单纯的线上、线下销售的转化，交易的并不只是信托产品本身，还包括信托产品的衍生品。信托公司可以通过建设线上开放式平台，借助网络渠道来进行信托产品的销售，做到线上和线下的同步发行和对接。目前包括平安信托、四川信托、陆家信托等在内的多家信托公司都在尝试构建网上金融超市。

2."互联网公司 + 信托"模式

信托公司目前更多是依靠互联网公司来开展互联网信托业务。在这种模式下，互联网公司起主导作用，信托公司只起到渠道的作用，只是产品的参与者，不仅客户、交易过程等要由互联网平台公司来提供，甚至资产、风险都可能由互联网公司来负责筛选、推荐。

"互联网公司 + 信托"中的转型热点和主要出路是"消费信托 + 互联网"模式。多数消费信托被认定为单一事务管理类信托，不受集合资金信托合格投资者的门槛限制。消费信托模式的创新使信托公司更加贴近用户，产品深度结合互联网金融的概念，通过在线互联网平台发售，打造出了具有品牌特色的产品。

信托公司推出消费信托计划是看好中国未来的消费市场，而对于消费者来说，购买消费信托，在完成心仪的消费之余，还能收到不菲的收益，颇具吸引力。

3."互联网公司 + 第三方机构 + 信托产品"模式

在该模式下，第三方机构通过互联网渠道提供信托产品的方式一般是转让其持有的信托受益权份额，或允许其他信托持有人转让其持有的份额，而并非直接销售信托产品。该模式主要涉及互联网公司、第三方机构及信托产品，不具备信托公司背景，又没有经过复杂的产品合规性设计，导致业务具有较大的瑕疵，从而引发是否合规的争议。

第二节 互联网金融创新

一、互联网消费金融

（一）互联网消费金融的内涵

传统上的消费金融是指为满足个人或家庭对最终商品和服务的消费需求而提供的金融服务，而互联网消费金融是"互联网＋消费金融"的新型金融服务方式。

1. 互联网消费金融的定义

在我国，互联网金融有着特定的经营范围。《关于促进互联网金融健康发展的指导意见》（以下简称《指导意见》）将互联网金融业态分为互联网支付、网络借贷、股权众筹融资、互联网基金销售、互联网保险、互联网信托和互联网消费金融七大类。其中，互联网支付、网络借贷和互联网消费金融属于广义消费金融范畴。但是从《指导意见》的表述来看，我国对互联网消费金融的内容采取了相对严格的界定：一是互联网消费金融不包括互联网支付内容，两者分别由银保监会和中国人民银行监管；二是互联网消费金融不包括网络借贷，特别是 P2P 网络借贷；三是互联网消费金融业务信贷额度缩小化。

这里的互联网消费金融是指银行、消费金融公司或互联网企业等市场主体出资成立的非存款性借贷公司，以互联网技术和信息通信技术为工具，以满足个人或家庭对除房屋和汽车之外的其他商品和服务消费需求为目的，向消费者出借资金并由其分期偿还的信用活动。

2. 互联网消费金融的参与主体

互联网消费金融参与主体介绍如下。

①资金需求方（消费者）是互联网消费金融的核心，利用金融机构的资金进行消费，在约定时间内进行偿还。

②资金供给方（金融机构）包括商业银行、消费金融公司、电商企业等，根据消费者的信用状况、消费能力等提供贷款给消费者。

③消费公司、电商平台包括提供各种消费品和服务的经销商及电商平台。

④行业监督监管部门包括银保监会、消费品领域委员会、行业协会等。

3. 互联网消费金融的特点

互联网消费金融呈现如下特点。

第一，在范围上，互联网消费金融将服务范围扩展至健康、旅游、日常消费等价值低、期限短的商品。

第二，在资金渠道上，互联网消费金融以线上为主，资金渠道更加广泛。

第三，在授信方式上，互联网消费金融除了借鉴传统的审批方式，还可以借助现代化的信息技术得到客户的历史交易金额、交易频率等数据，并以此来充分考察客户的信用状况，决定是否发放消费贷款。

（二）互联网消费金融的模式

按照互联网消费金融参与主体所掌握的消费场景资源及资金实力的不同，可以将互联网消费金融分为银行系模式、产业系模式、电商系模式和大学生消费分期平台模式。下面对此逐一介绍。

1. 银行系模式

银行系互联网消费金融模式相对简单，主要是银行依托自身的客户资源和金融服务优势，通过信用卡中心及控股消费金融公司开展互联网消费金融服务。目前，个人消费信贷在银行整体个人贷款中比例偏低，而银行正在布局全产业链、丰富自身网上商城的消费场景，力图在相关领域追赶阿里、京东等电商企业。

2. 产业系模式

产业系互联网消费金融模式是指消费流通企业为提高企业在产业链上的整体竞争力，扩大销售，通过自身控制的分期平台或消费金融公司，在消费者购买自身生产或流通的商品时提供分期和小额消费信贷服务。例如，相对于电商企业，海尔、苏宁、美的、国美等产业系公司掌握着大量线下消费场景，它们依托线下渠道及人员开展互联网消费金融服务。

3. 电商系模式

电商系互联网消费金融模式是指电商企业通过交易平台分析消费者的交易数据及其他外部数据，提供给消费者数额不等的信用额度，消费者可以在信用额度内在该电子商务交易平台进行消费，由电子商务交易平台成立的消费信贷或第三方进行资金垫付，消费者在约定的还款期限内还款，电子商务交易平台收取一定比例服务费的消费金融模式。这种模式使得电子商务交易平台、资金提供方和消费者三方构成了一个良性的生态循环系统。

在这种模式下，电子商务交易平台是核心参与方，因为它直接面对消费者，并且在商品渠道、支付渠道上掌握了消费者的信息流、商品流、资金流等信息。这些信息能够降低风险发生的概率，是电商企业参与消费金融市场的核心能力。同时，电商企业利用这些信息可以了解消费者的消费习惯、消费需求等，从而提高销售额。目前，这种模式已经有比较成功的实例，如京东白条和蚂蚁花呗。

京东白条是京东集团推出的一种"先消费，后付款"的全新支付方式，在京东网站使用白条进行付款，可以享有最长30天的延后付款期或最长24期的分期付款方式，是业内第一款互联网消费金融产品。

京东白条的相关步骤说明如下。

①京东根据消费者在京东上的历史交易数据对其进行授信，授信额度在6000~15 000元之间。

②消费者到京东商城进行消费。

③如果消费者选购京东自营商品,支付环节在京东内部完成,如果消费者选购第三方卖家联营商品,由京东将货款先行支付给第三方卖家。

④京东或第三方卖家向消费者发货。

⑤消费者按约定向京东还款。

京东白条模式的收益来自消费者分期付款的手续费。京东白条服务有助于销售规模提升,可以带来额外的利润,而消费者信用风险是其主要风险,因此京东是实际风险承担者。通过消费者交易数据对其授信是京东白条风险控制的关键。

蚂蚁花呗是蚂蚁金服推出的一款消费信贷产品,可用于赊账购买淘宝、天猫大部分商户的商品。目前亚马逊、当当、大众点评、1号店、唯品会等国内40多家互联网购物平台均已开通蚂蚁花呗支付,用户在这些网站或者手机App中购物时,可以在支付选项中选择使用蚂蚁花呗付款。按照蚂蚁金服的计划,将会有80%的主流电商平台都用上蚂蚁花呗,而且还将有大量的线下场景支持蚂蚁花呗。蚂蚁花呗模式对消费者的授信是基于淘宝历史交易数据,未获得授信的消费者以及授信额度不足以覆盖商品价格的部分,需要消费者在余额宝账户冻结相应数额的资金。

蚂蚁花呗的相关步骤说明如下。

①商家需要开通蚂蚁花呗分期购物服务,确定可以分期购物的具体商品。

②蚂蚁花呗根据注册消费者历史交易数据对其进行授信。

③消费者在商家选择分期购物商品。

④商家向消费者发货。

⑤蚂蚁花呗向商家支付货款。

⑥消费者通过支付宝进行还款。

蚂蚁花呗的主要收益来自商家的服务费和消费者支付的分期手续费。消费者信用风险是蚂蚁花呗的主要风险,蚂蚁金服是风险承担者。蚂蚁花呗建立起的商家评价体系对商家具有较大约束作用,由于蚂蚁花呗目前并没有对接央行的征信系统,对消费者的约束作用相对比较小,选择优质消费者以及对消费者的授信就是蚂蚁花呗风险控制的关键。

4. 大学生消费分期平台模式

该模式融合了电商平台消费金融模式与P2P网贷消费金融模式,是连接大学生与供应商、P2P平台等互联网理财平台的关键。

大学生消费分期平台的相关步骤说明如下。

①大学生向消费分期平台提出分期消费申请,平台对大学生的信息进行审核,并与大学生签订相应的服务协议。

②通过审核的大学生消费分期申请,大学生消费分期平台将债权打包转让或出售给P2P平台和互联网理财平台。

③P2P平台将债权在平台上发布;互联网理财平台将债权打包成理财产品在平台上销售,投资人在P2P平台和互联网理财平台上进行投资。

④P2P平台和互联网理财平台将募集的资金发放给大学生消费分期平台。

⑤大学生消费分期平台根据大学生的需求向电商平台和供应商采购商品。

⑥电商平台和供应商向大学生消费分期平台发货,再由大学生消费分期平台将商品送至学生手中;或者直接由电商平台和供应商向学生发货。

⑦大学生按约定向大学生消费分期平台还款,分期平台也按约定向P2P平台和互联网理财平台还款,P2P平台和互联网理财平台将收到的回款按时向投资人还款。

不同的大学生消费分期平台在具体运作模式上可能存在一定的差异,有些平台是先用自有资金采购大学生提出的商品需求,再将债权转让或出售给P2P平台和互联网理财平台。甚至有些大学生消费分期平台是先采购一定数量的商品,然后在平台上进行销售。大学生消费分期平台模式的基础性风险是大学生的信用风险,大学生消费分期平台的经营风险是整个系统的关键风险,投资人是最终风险承担者。

以上互联网消费金融模式的对比如表7-1所示。

表7-1　互联网消费金融模式对比

特征	电商系	银行系	产业系	分期平台
客户覆盖	垄断线上流量入口	大量潜在客户	线下消费场景资源	针对性用户覆盖,绝对数量不大
审批模式	可借助用户的消费记录完成审批并基于互联网征信提供授信服务	成熟的征信及审批模式,但效率较低	风险容忍度较高,比银行审批效率高	征信模式比较初级,具有互联网特色的风控体系
资金来源	股东资金,自有资金丰富	资金来源于吸收的存款,成本低,来源稳定	股东资金和金融机构间拆借	资金来源于自身、P2P理财用户和金融机构,成本相对高
优势/劣势	线上消费用户覆盖明显,线上业务和大数据技术优势突出	业务模式成熟,主要劣势在于审批要求严格,周期长	资金价格相对较低,线下消费场景受线上冲击,运营成本高	新兴模式,各方面均有待提升

(三)互联网消费金融的发展趋势

从目前的态势来看,未来互联网消费金融主要围绕以下几个方面发展。

1.消费场景化

在体验经济时代,以往企业通过满足消费者对产品功能需求创造利润的模式,已经转化为企业与特定消费者在特定时刻、特定地点、特定情境下共同创造体验的盈利模式。而对于互联网消费金融来说,在消费场景中为消费者提供消费贷款的金融服务已经成为趋势,其中最关键的就是基于消费场景的体验。此外,个人消费贷款是和消费场景相结合来获取借款客户的,借款目的更明确,反欺诈审核也更精准。

2.细分化、垂直化

消费金融正在向更加细分化和垂直化的方向发展,根据不同人群、不同消费类型,互联网消费金融产品分化得越来越细。而细分化、垂直化带来的也是行业的优化。未来,每个领域、每一条行业线都将有更为专业的互联网消费金融公司出现。

3. 普惠化

互联网特别是移动互联网技术在消费金融领域的应用,使得消费金融服务更具普惠性和覆盖性,不仅覆盖到生活消费的各个场景,还能够覆盖到更多的中低端用户群体。比如专门针对中低收入人群的互联网消费金融产品"51酷卡"的出现,就具有普惠金融的性质。"51酷卡"是一种虚拟信用卡、打折卡,可以在合作商户进行信用消费,主要服务于申请银行信用卡不容易通过的人群。

4. 数据模型化

基于数据而形成的大数据风险控制模型是未来互联网消费金融的核心发展方向。"数据+模型"将是互联网金融企业未来发展的核心工具,而客户洞察、市场洞察及运营洞察是互联网消费金融行业大数据应用的重点。

在客户洞察方面,金融企业可以对行业客户相关的海量服务信息流数据进行捕捉及分析,以提高服务质量;同时可利用各种服务交付渠道的海量客户数据,开发新的预测分析模型,实现对客户消费行为模式的分析,提高客户转化率。在市场洞察方面,大数据可以帮助金融企业分析历史数据,寻找其中的金融创新机会。在运营洞察方面,大数据可协助企业提高风险透明度,加强风险的可审性和管理力度;同时也能帮助金融企业充分把握业务数据的价值,降低业务成本并发掘新的盈利机会。

二、互联网金融门户

近年来,零售业已经受到来自互联网的强烈冲击,而在利率市场化、国内消费金融逐渐递增的大趋势下,越来越多的金融行业信息、金融产品以及金融服务涌现出来。金融机构的信息处理和反馈、金融产品的销售和金融服务的提供,都需要通过更有效的渠道才能实现,而互联网金融门户就是这种有效的渠道之一。从某种意义上来讲,互联网金融门户对金融业是一种有效的补充,而非变革式的颠覆。

(一)互联网金融门户的定义与分类

1. 互联网金融门户的定义

互联网金融门户是指利用互联网提供金融产品、金融服务信息,汇聚、搜索、比较金融产品,并为金融产品销售提供第三方服务的平台。

互联网金融门户是互联网金融参与者获取相关金融知识、进行投资咨询、进入互联网金融网站的入口之一。其核心作用就是发挥"整合+搜索+比较"模式下的互联网金融产品的推广与销售功能,也就是互联网金融门户将大量互联网金融产品和金融服务信息进行整合后,再根据用户的不同需求进行分类,同时采用金融产品垂直比价的方式,将不同的金融产品或相关资讯信息呈现给用户,用户通过搜索对比选择适合自己的产品和信息。

2. 互联网金融门户的分类

根据服务内容及服务方式不同划分,互联网金融门户可以分为第三方资讯平台、垂直搜索平台及在线金融超市三大类。

①第三方资讯平台是为客户提供全面、权威的金融行业数据及行业咨询的门户网站,典型代表有网贷之家、和讯网以及网贷天眼等。

②垂直搜索平台是聚焦于相关金融产品的垂直搜索门户。垂直搜索是针对某一特定行业的专业化搜索,并将某类专业信息提取、整合、处理后反馈给客户。客户在该类门户上可以快速地搜索到相关的金融产品信息。互联网金融垂直搜索平台通过提供信息的双向选择来有效地降低信息的不对称程度,典型代表有融360、好贷网、安贷客等。

③在线金融超市汇聚了大量的金融产品,并提供与之相关的第三方中介服务。该类门户一定程度上充当了金融中介的角色,通过提供导购及中介服务,解决服务不对称的问题,典型代表有大童网、格上理财、91金融超市以及软交所科技金融服务平台。

根据汇集的金融产品、金融信息的种类不同划分,互联网金融门户又可以细分为P2P网贷类门户、信贷类门户、保险类门户、理财类门户以及综合类门户五个子类。其中,前四类互联网金融门户主要聚焦于单一类别的金融产品及信息,而第五类互联网金融客户则致力于金融产品、信息的多元化,汇聚不同种类的金融产品或信息。

以上按不同标准分类的方式并非互斥关系,只是角度和依据不同,前一种分类方式是从金融产品销售产业链进行归类,后一种分类方式是从互联网金融门户经营产品种类的角度进行划分。为了条理清晰,便于阐述,下面的运营模式将按照第二种分类方式进行具体分析。

(二)互联网金融门户的运营模式

下面主要从定位、运营模式和盈利模式三个方面对互联网金融门户进行详细介绍。

1.P2P网贷类门户

P2P网贷类门户专注于P2P网贷行业,不涉及银行等金融机构的传统信贷业务。P2P网贷类门户的核心定位是P2P网贷行业的第三方资讯平台,是P2P行业的外围服务提供商,通过为投资人提供最新的行业信息,并为其搭建互动交流平台,致力于推动P2P网贷行业健康发展。

在运营模式上,P2P网贷类门户秉承公平、公正、公开的原则,对信息资源进行汇总、整理,并具备一定的风险预警及风险揭示功能,起到了对网贷平台的监督作用。在P2P网贷类门户上,客户可以搜索到大量的行业信息和行业数据。同时,P2P网贷类门户以客观中立的立场,通过各种考察方式,将全国各地具有资质且运营状况良好的P2P网贷平台纳入门户导航栏中,为有贷款需求的客户提供相关信息参考,解决客户与P2P网贷平台之间信息不对称的问题。

P2P网贷类门户的盈利模式与传统资讯类网站的盈利模式相比并无太大差异,依然主要通过广告联盟的方式来赚取利润。不难看出,该盈利模式的核心就在于流量,依靠网站的流量、访问量和点击率来吸引广告。门户日均访问量越多,越容易吸引企业投放广告,从而获取更多利润。此外,有一部分P2P网贷类门户还通过对P2P网贷平台进行培训及提供相关咨询服务的方式来实现营收。

2. 信贷类门户

信贷类门户主要以"垂直搜索＋比价"为主要业务形态，与银行及相关金融机构直接对接。其定位是信贷产品的垂直搜索平台，将传统的线下贷款流程以及信贷产品信息转移到网络，为传统信贷业务注入互联网基因。

从运营模式来讲，信贷类门户不参与借贷双方的交易，也不做属于自己的信贷产品。在该类网站上，客户可以搜索到不同金融机构的信贷产品，并通过各类产品间的横向比较，选择出一款适合自身贷款需求的信贷产品。

在信贷产品的信息采集方面，信贷类门户通过数据采集技术及合作渠道提供的信息建立数据库，汇聚各类信贷产品信息，并对产品信息进行实时更新，以确保客户搜索到的产品信息真实可靠。

在信贷产品的搜索及匹配方面，信贷类门户设计了简明的信贷产品搜索框，包含贷款类型、贷款金额以及贷款期限等条件，便于精准定位客户的贷款需求，并根据其不同的需求进行数据匹配，为客户筛选出满足其特定需求的信贷产品，供其进行比价。最后，在客户申请贷款完成后，可通过信息反馈系统（即信贷经理评价以及用户短信评价两种方式）来实现金融 O2O 模式的闭环。

现阶段，信贷类门户的收入来源主要以推荐费及佣金为主，广告费、咨询费及培训费等收入相对占比较低。目前，信贷类门户主要通过向金融机构推荐贷款客户以收取相应的推荐费，这构成了信贷类门户最主要的收入来源。在某些门户上，推荐费所占比重甚至达到了 80% 以上。

3. 保险类门户

保险类门户的核心定位分为两类：一类是聚焦于保险产品的垂直搜索平台，利用云计算等技术精准、快速地为客户提供产品信息，从而有效解决保险市场中的信息不对称问题，典型代表有富脑袋、大家保等；另一类保险类门户定位于在线金融超市，充当的是网络保险经纪人的角色，能够为客户提供简易保险产品的在线选购、保费计算、综合性保障方案等专业性服务，典型代表为大童网、慧择网等。

保险类门户为客户提供了一种全新的保险选购方式，并实现了保险业务流程的线上化，具体包括保险信息咨询、保险计划书设计、投保、核保、保费计算、缴费、续期缴费等。

在运营模式上，保险类门户对各家保险公司的产品信息进行汇总，并为客户和保险公司提供交易平台。同时，为客户提供诸如综合性保障方案评估与设计等专业性服务，以确保在以服务营销为主的保险市场中，依靠更好的增值服务争取到更多的客户资源。

目前，虽然国内外保险类门户数目繁多，但按其业务模式划分，保险类门户主要以 B2C 模式、O2O 模式以及兼具 B2C 和 O2O 的混合业态经营模式这三类模式为主。

保险类门户的盈利模式通常有以下三种：第一种是客户完成投保后所收取的手续费；第二种是依托保险类门户规模大、种类全、流量多等优势，通过广告联盟的方式收取广告费用；第三种是向保险机构或保险代理人提供客户信息和投保意向，从中收取佣金。

4. 理财类门户

理财类门户作为独立的第三方理财机构,可以客观地分析客户的理财需求,为其推荐相关理财产品,并提供综合性的理财规划服务。理财类门户与信贷类门户、保险类门户定位的差别体现在聚焦的产品类别有所不同,其本质依然分为垂直搜索平台和在线金融超市两大类,并依托于"搜索＋比价"的核心模式为客户提供货币基金、信托、私募股权基金(PE)等理财产品的投资理财服务。此外,部分理财类门户还搜集了大量的费率信息,以帮助客户降低日常开支。

在运营模式上,理财类门户并不参与交易,其角色为独立的第三方理财机构。理财类门户通过合作机构等供应渠道汇集了大量诸如信托、基金等各类理财产品,并对其进行深度分析,甄选出优质的理财产品以供客户搜索比价。

同时,通过分析客户当前的财务状况和理财需求,如资产状况、投资偏好以及财富目标等,理财类门户为用户制定财富管理策略,为之提供综合性的理财规划服务,向其推荐符合条件的理财产品,并规避投资风险。

现阶段,理财类门户的盈利模式较为单一,主要以广告费和推荐费为主。理财类门户通过带给理财产品供应商用户量和交易量来收取相应的推荐费,因此其盈利模式的关键在于流量。所以,有效地提高转化率,将流量引导到供应商完成整个现金化过程,是理财类门户稳定收入来源的重要保证。

5. 综合类门户

综合类门户的本质与信贷类门户、保险类门户以及理财类门户并无太大差异,其核心定位依然是互联网金融领域的垂直搜索平台和在线金融超市。综合类门户与其他门户的不同之处在于所经营的产品种类,后三者均聚焦于某种单一金融产品,而综合类门户则汇聚着多种金融产品。

综合类门户本身不参与交易,而是引入多元化的金融产品和大量相关业务人员,为客户搭建选购各类金融产品及与相关业务人员联系对接的平台。

在运营模式上,综合类门户主要起到金融产品垂直搜索平台和在线金融超市的作用,业务模式仍然以 B2C 及 O2O 模式为主。

综合类门户的盈利模式可以划分为以下三种:第一种,综合类门户依托其流量价值,吸引在线广告的入驻,从而收取广告费用;第二种,综合类门户通过向金融机构推荐客户,从中收取相应的费用;第三种,综合类门户通过撮合交易,收取相应佣金。在客户购买金融产品的过程中,综合类门户可进行全程协助,待交易完成后向金融机构收取一定比例的费用作为佣金。

(三)互联网金融门户的发展趋势

从目前的态势来看,未来互联网金融门户的发展趋势主要有以下四点。

1. 门户发展渠道化

互联网金融门户依托大数据技术，通过垂直搜索的方式解决了交易过程中的信息不对称问题，不仅为客户提供快速而全面的行业信息、便捷而精准的金融产品推荐服务，同时还为金融机构提供智能化的金融产品销售服务，有效地降低了金融机构的交易成本。

因此，在互联网金融生态系统中，互联网金融门户将成为集资讯、在线销售以及相关增值服务于一体的金融产品销售渠道。通过结构化的垂直搜索方式，搭建一个产业联盟平台，聚集产业链上下游企业，这样互联网金融门户不仅为产业链增加了技术协助，还为供需双方实现信息交流、业务对接以及利益共赢提供了良好的平台。

2. 产品类别多元化

对于垂直搜索平台而言，信息不对称是其致力于解决的首要问题，因此，平台上的产品覆盖面越广、产品数量越多，其上游企业的资源越分散、信息传递越充分，平台的价值也就越大。因此，以垂直搜索平台为核心定位的互联网金融门户未来必将呈现产品多元化的发展趋势。即门户将汇聚不同种类的金融产品，从单一金融产品的垂直搜索平台转化为汇聚不同种类金融产品的综合类垂直搜索平台，如信贷类垂直搜索平台可以开展 P2P 网贷、信用卡等搜索业务，而保险类垂直搜索门户将业务范围延伸到理财、中期信托、短期保险基金等，供用户搜索比价，从而深层次、多角度地挖掘和满足用户需求。

3. 业务模式多样化

互联网金融门户的核心是客户。因此，通过不断创新满足客户对金融产品多元化需求的同时提升用户体验，将成为保障互联网金融门户核心竞争力的关键。

在业务模式方面，互联网金融门户不会局限于当前的现有模式。随着大数据、云计算等互联网金融核心技术的不断发展深化，互联网金融门户将通过对客户搜索习惯和行为特征进行有效记录和智能分析，从而协助金融机构为客户量身设计金融产品，通过自主定制加强客户的自我成就感，提升用户体验，逐步形成互联网金融领域的创新模式。

4. 营销方式移动化

随着移动通信技术和手机终端设备的发展，越来越多的客户形成了用手机浏览和支付的消费习惯。通过从 PC 端到移动端的全方位布局，互联网金融门户将使其产品信息的传播更加及时、业务流程更加便捷，从而更好地聚拢客户资源，充分发挥其渠道优势。

三、新三板与互联网金融

（一）新三板介绍

新三板市场原指中关村科技园区非上市股份有限公司进入代办股份系统进行转让试点，因为挂牌企业均为高科技企业，不同于原转让系统内的退市企业及原 STAQ（全国证券交易自动报价系统）、NET 系统挂牌公司，故形象地称为"新三板"。

目前，新三板不再局限于中关村科技园区非上市股份有限公司，也不局限于天津滨海、武汉东湖以及上海张江等试点地的非上市股份有限公司,而是全国性的非上市股份有限公司股权交易平台,主要针对的是中小微型企业。

新三板是我国多层次资本市场的重要组成部分,是中国证监会统一监管的全国性场外交易市场。新三板与主板、创业板一起构成了中国多层次的资本市场,是中国多层次资本市场的重要组成部分。新三板的推出不仅仅是支持高新技术产业的政策落实,也是三板市场的另一次扩容试验,其更重要的意义在于它为建立全国统一监管下的场外交易市场进行了积极的探索,并已经积累了一定的经验。

(二)新三板适合互联网金融公司的原因

互联网金融公司结合了"互联网+"和普惠金融的概念,使得此类公司在市场上具有极大的想象空间。新三板的市场定位是为创新型、创业型、成长型中小微企业提供服务场所,其在迎合互联网概念上可以说是首当其冲。下面分析一下新三板适合互联网金融公司的原因。

1.融资相对容易

目前,我国资本市场的构成主要有主板市场、中小板、创业板和新三板,不同市场对于拟上市企业的要求不同,如表7-2所示。

表7-2 不同资本市场对于拟上市企业的要求

市场	主板	中小板	创业板	新三板
经营时间	依法设立且合法存续3年以上的股份有限公司	依法设立且合法存续3年以上的股份有限公司	依法设立且持续经营3年以上的股份有限公司	依法设立且合法续存2年及以上的股份有限公司
股本要求	发行前不少于3000万股;上市股份公司股本总额不低于人民币5000万元;公众持股至少为25%;如果发行时股份总数超过4亿股,发行比例可以降低,但不得低于10%	发行前股本总额不少于人民币3000万元;发行后股本总额不少于人民币5000万元	发行后股本总额不少于人民币3000万元	无限制
财务要求	发行前3年的累计净利润超过人民币3000万元;发行前3年累计净经营性现金流超过人民币5000万元或累计营业收入超过人民币3亿元;无形资产与净资产比例不超过20%;过去3年的财务报告中无虚假记载	最近三个会计年度净利润均为正且累计超过人民币3000万元;最近三个会计年度经营活动产生的现金流量净额累计超过人民币5000万元;或者最近三个会计年度营业收入累计超过人民币3亿元;最近一期末无形资产占净资产的比例不高于20%;最近一期末不存在未弥补亏损	最近2年连续盈利,净利润累计不少于人民币1000万元;或者最近一年盈利,营业收入不少于人民币5000万元。净利润以扣除非经常性损益前后孰低者为计算依据。最近2年营业收入增长率不低于30%;发行前净资产不少于人民币2000万元	具有稳定、持续经营的能力

市场	主板	中小板	创业板	新三板
业务经营	最近3年内主营业务没有发生重大变化	最近3年内主营业务没有发生重大变化	最近2年内主营业务没有发生重大变化，应当主要经营一种业务	主营的业务必须突出
公司管理	最近3年内主营业务和董事、高级管理人员均没有发生重大变化，实际控制人没有发生变更	最近3年内主营业务和董事、高级管理人员均没有发生重大变化，实际控制人没有发生变更；发行人已经依法建立健全股东大会、董事会、监理会、独立董事会、董事会秘书制度，机关机构和人员能够依法履行职责	最近2年内主营业务和董事、高级管理人员均没有发生重大变化，实际控制人没有发生变更	公司治理机制健全，合法规范经营

从表7-2可以看出，与主板和创业板相比，新三板的准入门槛更低，没有利润限制门槛，申报流程短，融资比较灵活。在目前注册制尚未落地、主板和创业板上市需要排队等候的情况下，新三板可以比较快速地解决公司的融资问题，并且可以作为今后转板的通道。

2.评估方法灵活

从企业价值评估上看，新三板更加适合互联网金融公司。传统估值多从历史数据入手，通过分析其盈利能力、偿债能力、成长性等方面的指标，同时参照市场上现存企业定价来判断其公允价值。也就是说，传统估值的办法需要有量化指标并且需要参照物。而新三板的公司多为成立时间不久、产业模式和经营手段创新的公司，其本身的历史数据很少，并且其行业的稀缺性决定了难以在市场上找到可比同类企业。这就导致其估值方法加入了很多主观判断和"市场想象力"的因素。因此，新三板企业价值评估可以打破传统方法，借鉴国际成熟市场的PE和VC思维，采用灵活的方法进行估值。这对互联网金融公司是有利的。

第 八 章　互联网金融风险监管科技

第一节　互联网监管科技的基础含义

伴随金融业的发展,越来越多的新科技开始应用于金融业,给金融业带来了前所未有的变化。面对新形势,传统金融监管能力显得捉襟见肘,需要根据金融科技的变化做出合理应对。为适应金融业的新变化,监管部门开始尝试使用"新科技"提升监管能力,即"监管科技"。

一、监管科技的概念

监管科技(regulatory technology,RegTech)是"监管"(regulation)和"科技"(technology)的合成词。顾名思义,监管科技主要是通过使用新技术提出更好的解决方案,来帮助金融机构和监管部门更有效地解决合规和监管问题。国际上对监管科技的研究处于起步阶段,尚未有统一的定义。

监管科技有以下三个核心要点。首先,对监管机构和金融机构而言,通过监管科技来提高监管能力和审查合规性是基本要求,可在此基础上进一步提升监管效率。其次,监管科技能够协调监管机构、金融机构、监管科技公司之间的利益,有效降低摩擦。监管机构能够更快、更准地掌握市场信息,制定更加适宜和全面的监管标准。金融机构能够更准确地理解监管意图,做出合理的业务调整,实现合规以及持续合规。监管科技公司通过提出监管科技解决方案来同时满足监管者和金融机构的诉求,有效保护金融消费者。最后,如今金融科技蓬勃发展,金融机构在利用新科技为金融市场创造便捷服务的同时,也产生了一系列新风险,监管科技公司通过应用新技术来降低风险以及丰富监管手段。

二、监管科技崛起的动因

(一)监管任务繁重

国际金融危机之后,运用大数据、云计算、人工智能、区块链等技术的金融科技受到重视,并逐渐改变金融业的生态格局。但对于新技术本身的架构、优势、局限性以及和金融业务的结合点,监管部门还不够完全了解。不仅如此,将新技术应用于金融领域,模糊了原本的金融业务边界,使得监管范围变大,这都使得监管难度陡然上升。此外,金融危机后全球金融环境动荡,监管部门更加关注监管合规,同时也更加严格遵守繁复、冗长的监管法规和监管流程,希望在汇总和分析各类数据报告中提高监管的精度和频度,这在很大程度上给监管部门自身造成了繁重的监管压力,也大大增加了监管成本。

监管科技的兴起对监管部门而言无疑是一道曙光,不仅能够进一步提升自身的监管能力,也能够使自身从繁复的监管中脱离出来。监管机构运用监管科技,一方面,能够降低监管中的信息不对称,更好地观察金融机构的合规情况,及时了解金融产品创新、复杂交易、市场操纵行为、内部欺诈和风险等;另一方面,云计算、人工智能等新技术的运用能够提升自身的监管效率和监管能力,更好地防范系统性金融风险。

(二)合规成本上升

金融危机之后,监管部门对金融服务的监管日趋严格,对金融机构的违规行为处以重罚。传统金融机构尤其是大型银行更受到了若干新规的严格限制,在很大程度上改变了金融机构的运作方式。和以往相比,它们不得不重视自身的内控和后台,并在合规和风险管理上花费更多精力。此外,金融危机后的监管环境快速变化,金融机构对未来的监管要求不甚明确,使得金融机构更为迫切地寻找合规的方法。

监管科技的出现给这些金融机构更好地实现合规提供了可能。部分金融机构开始借助云计算、大数据等新技术来帮助自己核查是否符合反洗钱等监管政策,避免高额罚款,提高自身合规效率。监管科技也可以保证金融机构在动态变化的监管环境中遵守规则并通过迭代建模和测试的方式实现持续合规。

(三)传统技术难以满足监管要求

在20世纪90年代,伴随计算机技术的发展,监管部门开始运用计算机技术构建量化风险管理体系进行监管,并取得了良好的效果。但随着各国金融业的快速发展,各监管部门的监管范围和规模空前扩大,监管遇到越来越多的挑战,如现有的风险信息技术系统缺乏一致性和灵活性、系统维护成本高、难以应对实时性及临时性要求、难以保证风险数据的质量及进行有效管理、获取风险信息的渠道有限等,种种问题都表明传统技术已经难以满足当前的监管要求。

运用新技术、优化监管工具能更有效地助力监管,监管科技丰富了监管手段和方法。通过大数据的运用能够及时、准确地获取、分析和处理具有前瞻性的风险相关数据,建立风险预测模型,实时识别流动性风险,提升监管的及时性和有效性。区块链可以将数据前后相连构成不可篡改的时间戳,大大降低监管的调阅成本,同时,完全透明的数据管理体系也提供了可信任的追溯途径。针对监管规则,可以在区块链链条中通过编程建立共用约束代码,实现监管政策全覆盖和硬控制。

第二节 互联网监管科技的核心技术

目前,已有多项技术得到开发,并作为监管科技的核心技术得以应用。这些新技术主要包括云计算、应用程序编程接口、机器学习、人工智能、生物识别技术、区块链、加密技术等。

一、云计算

随着宽带网络的升级和计算能力的提升,云计算的应用前景愈发广泛。云计算在一定程度上是大数据、人工智能和区块链等技术的基础,借助云计算能够处理更复杂、更精细的数据,保证数据的准确性、提升数据的可视化效果。在机构运行方面,云计算可以创建标准化的共享工具,既能够服务于单个金融机构,又能运用于全行业的多个参与主体间。

二、应用程序编程接口（API）

应用程序编程接口（API）是一些预先定义的函数,在无须访问源代码、理解内部工作机制的情况下,为应用程序和操作人员提供程序接口。API通过与其他软件程序进行连接,实现信息和数据的交互。将API应用于监管,一方面,监管机构可为金融机构提供一系列监管服务的程序接口;另一方面,金融机构可通过API自动向监管机构提交监管报告,减少人工数据输入,提高监管报告的准确性,降低金融机构的合规成本。

三、数据挖掘和分析工具

机器学习、人工智能以及其他自动化分析工具的完善,在很大程度上提升了监管机构的监管能力以及金融机构实现合规的效率。基于机器学习的数据挖掘算法,一方面,可以分析大量的非结构化数据,如电子邮件、图像和语音等;另一方面,能对来自付款系统的低质量数据进行分析。此外,机器学习也可以成为压力测试的分析工具,解决传统分析工具难以解决的大规模数据处理难题。

四、生物识别技术

生物识别技术可以自动化识别用户身份,从而满足"客户身份识别"（know your customer, KYC）的应用要求,以此提高工作效率和安全性。

五、区块链

区块链伴随着以比特币为代表的数字加密货币的发展逐渐得到市场的关注,以英国、美国、澳大利亚等为代表的国家及以 IBM、高盛、瑞银等为代表的企业均对区块链进行研究和推广。区块链的突出特点在于其分布式结构和不可篡改性,这在一定程度上提升了数据安全性,因此在数字货币、交易平台、支付系统、证券系统、信息登记等领域具有一定突破。

六、加密技术

加密技术一直是金融业发展的重要技术基础,也是金融安全的关键技术。随着数学研究和计算机能力的提升,很多过去认为安全的加密算法(如 MD5、SHA-1 等)已被破解。此外,量子计算机的开发将使计算机算力大幅提升,必然也会对传统加密技术造成冲击。研究和推广新的加密技术,可以在实现信息共享的同时,保护用户的隐私并确保数据的安全性和完整性。

第三节　互联网监管科技的应用领域

一、数据处理

监管机构对数据的依赖程度在不断增加,对金融机构的数据处理能力也提出了新要求,而很多金融机构还难以满足监管机构提出的新要求。比如,巴塞尔银行监管委员会(BCBS)提出了有效风险数据聚合和风险报告原则(简称 BCBS 239 原则),规定全球系统重要性银行(G-SIBs)的风险数据需要满足精确性、完整性、实时性和适合性等要求。但是,现阶段很多金融机构的基础设施还不够完善,数据处理能力还较为落后,数据质量无法满足监管要求,需要对数据进行进一步的清洗和加工。

监管科技能够提高金融机构的数据处理能力。第一,借助自然语言处理技术,金融机构不仅能够从网络上获取大量结构化数据,还能够处理非结构化数据;第二,借助云计算技术,金融机构能够创建标准化的数据报告,使不同金融机构之间的数据共享更为便捷,拓宽金融机构数据获取的渠道;第三,借助加密技术,金融机构之间的数据共享会更加安全,同时也能确保数据的隐私性和完整性。

二、客户身份识别

客户身份识别是指金融机构在为客户提供金融服务之前,需要全面了解客户,确保客户身份资料的真实性、有效性和完整性。客户身份识别是实现反欺诈和反洗钱的重要举措,通过对客户身份的核实和商业行为的了解,金融机构能够有效地发现、报告和阻止可疑交易行为。

近年来,随着互联网进一步渗透到公众的日常生活中,金融机构通过互联网能够为客户提供更加便捷的金融服务,但是互联网的虚拟性也提升了客户身份识别的难度。

生物识别技术不仅能够解决互联网带来的身份识别难题,还能够提高客户身份识别的效率。一方面,指纹和虹膜等生物信息具有唯一性、稳定性和难以复制等特点。金融机构只需对客户提供的生物信息进行识别,就能够快速、有效地识别客户身份的真伪,且整个过程均可在互联网上完成。另一方面,生物识别技术与肉眼识别相比,能够并行处理多个客户的请求,效率更高,客户能够更快地享受金融服务。

三、压力测试

压力测试是一种以定量分析为主的风险分析方法,分析金融机构在极度恶劣的市场环境中应对风险的能力压力测试可以分为情景测试和敏感性测试。情景测试按情景不同又可以分为历史情景测试和假定情景测试。历史情景测试主要是针对历史上发生过的"黑天鹅"事件进行测试,而假定情景测试则是针对尚未发生的情景进行测试。敏感性测试是评估风险参数瞬间大幅变动对金融机构造成的冲击。压力测试能够帮助金融机构充分了解潜在风险和财务状况之间的关系,预先制定应对措施,减少极端情况给金融机构造成的损失。但是,现阶段的压力测试还面临三个问题:一是变量有限;二是测试静态;三是被动测试。而监管科技企业运用大数据、人工智能以及云计算等技术能在一定程度上解决上述问题。

首先,大数据技术能够将更多变量纳入压力测试中。在压力测试中,金融机构需要考虑数以千计的变量。尤其是在情景测试中,为了能够更好地还原或模拟现实情景,需要考虑更多变量。大数据技术能够处理大规模的数据,对更多的变量进行分析,减少由于变量有限而造成的情景失真,更好地进行情景测试。

其次,人工智能能够实现压力测试的动态化。当前的压力测试是一个静态的过程,但风险却随时都可能发生,仅在特定时点进行压力测试能达到的效果较为有限。监管科技企业运用人工智能技术,能够根据金融机构财务数据的实时变化情况,为金融机构提供动态化的压力测试服务。动态化的压力测试能够帮助金融机构及时发现风险,在风险较小时就采取处理措施,防止风险积累到难以控制的程度。

最后,云计算能够降低压力测试的成本,帮助金融机构实现"自合规"。现阶段,金融机构的压力测试都是被动测试,即监管机构提出压力测试的要求,金融机构才进行测试,而不是主动将压力测试作为内部风控的工具。造成这种情况的主要原因是压力测试的成本比较高,需要金融机构配置相应的基础设施和人力资源。借助云计算平台,监管科技企业能够为金融机构提供压力测试解决方案,金融机构不需要配置基础设施和人力资源,只需在云计算平台上购买所需的解决方案就能进行压力测试,从而大幅降低压力测试的成本。当成本降低之后,金融机构可以主动进行压力测试,实现"自合规",这样还能够避免因未通过压力测试而带来负面的社会影响。

四、市场行为监控

市场行为监控是监管机构稽查欺诈行为和洗钱操作的重要措施。随着技术的进步，当前监管机构已经能够对部分交易行为进行实时追踪，但要找出各个交易行为之间的关系却并不容易。这主要有两方面原因：一是数据规模庞大，监管机构基础设施的运算能力不足；二是主体关系较为复杂，很多关系只有深入挖掘才能发现。知识图谱能够从庞大的交易行为中挖掘出深层信息，将主体和主体之间的交易以关系图的形式表现出来。利用知识图谱工具，监管机构不仅能够清晰地发现各个交易主体之间的关系，而且能够从中获取到传统方式难以获取的深层信息。比如，假设在知识图谱呈现的关系图中出现"闭环"，监管机构就需要留意环中的各个交易主体，判断这些交易主体之间的关系，分析这些交易主体是否正在通过相互交易来提升营业收入或达成其他非法目的。

五、法律法规跟踪

金融机构的合规难度在不断提升。一方面，金融机构的法务人员不仅要学习以往的法律法规，还要学习和分析最新发布的法律法规，研究这些法律法规对现有业务可能造成的影响。另一方面，随着全球化进程的推进，金融机构不仅需要符合本国的法律法规，还需要了解其他国家或国际组织的监管文件。

人工智能不仅能够掌握已有的法律法规和监管案例，而且还能够快速学习最新的法律法规和监管案例，实时更新知识体系。当金融机构由于法律法规发生变化而导致原有业务不合规时，人工智能能够及时提醒金融机构，使其在第一时间更正现有业务，降低金融机构的法律合规风险。此外，人工智能的数据处理速度较快，能够快速学习全球的监管文件，并分析不同国家监管文件之间的关联性和差异性，帮助金融机构合法地开展跨境业务。

第四节 监管科技对金融主体的影响

监管科技作为一种"以科技应对监管"的颠覆性创新，对监管机构和金融机构的发展都具有促进作用。对于监管机构而言，监管科技在提升监管水平、降低监管成本、持续监管创新以及防范监管套利等方面有不错的应用表现。对于金融机构而言，在短期，监管科技可以帮助金融机构自动处理合规相关的任务，节约合规成本；提供基于大数据分析技术的风险决策系统，使其更好地控制和管理合规风险；提高金融机构响应监管变化和迅速执行及部署的应变能力，使之持续合规。在长期，监管科技可以帮助金融机构切实维护消费者权益，提升客户体验，改善公司治理水平并提高市场竞争力。

一、监管科技对监管机构的影响

（一）提升监管水平

随着金融创新的不断提升和突破，监管机构需提升其监管水平，切实履行监管职能，加大金融监管力度，维护金融秩序，促使金融业合法、稳健运行。但监管机构的传统做法大多是事后监管，往往是等问题出现后，再集中力量进行调查和处理，在工作中难免处于被动地位，难以实现监管的实时性和有效性。

监管科技作为金融科技的重要分支，运用云计算、大数据、区块链、情景分析和人工智能等技术，可以实现监管数据收集、整合和共享的实时性，有效监测金融机构违规操作和高风险交易等潜在问题，满足监管机构的监管需求。此外，监管机构运用监管科技智能监管系统能够提前感知和预测金融风险态势，提升风险预警的能力。

（二）降低监管成本

在以往的监管审查中，监管机构需要抽调大量人力、物力，花费大量的时间去审核金融机构业务操作的合规性和财务报表的真实性，对违规的金融操作进行现场检查。尽管如此，仍不能保证现场检查过的机构不作假，监管成本高且监管效率不佳。

监管科技解决方案可以帮助监管机构实现监管流程的自动化和智能化，进而为其降低监管成本。首先，监管科技为其提供更为自动化、智能化的数据收集、整理和分析的方法，降低数据处理成本。其次，采用机器学习可以检测金融机构违规行为。最后，设置"机器学习＋自动预警"的执法系统，一旦发现违规行为，可立即发出风险预警信号。比如，实时支付交易监测一直以来存在监测数据质量低、一致性差等系统性问题，这为洗钱等非法活动提供了空间。监管机构发现并打击这些非法活动需要投入更多的人力和物力，而监管科技解决方案提供的自动化和智能化检测可以为其节省大笔监管开支。

（三）持续监管创新

如今，在快速变动的金融市场，银行业与非银行金融业、金融业与非金融业以及货币资产与金融资产的边界正在变得越来越模糊。这势必会导致监管机构原有的监管范围、监管方式以及技术和流程产生诸多不适，并出现监管空白地带。监管机构秉承开放共赢的精神，加强与监管科技公司的合作，可以深入了解新型金融产品、服务、商业模式和交付机制。同时，通过监管与科技的深度融合，监管机构可以实现机构的内部创新，提高监管的创新能力和技术水平，从而更科学、严谨、快速地制定金融技术创新和模式创新的监管标准、监管规则和监管框架，厘清监管职责范围，明确监管力度和方向，培育良好的金融创新监管生态体系。

（四）防范监管套利

监管套利是市场主体利用制度差异性所创造的套利机会，从而达到降低监管成本、规避监管审查以及获取超额收益的行为。国际金融危机之后，一些金融科技公司充当影子银行的角色，在金融市场上从事类似银行的业务，但并未受到类似的监管，监管系统存在的漏洞为金融科技公司实现监管套利提供了可能。

相比人工监管，监管科技在人工智能和机器学习等强大技术支撑下，帮助监管机构更易发现监管漏洞和不合规情况，有效遏制监管套利行为的发生。

二、监管科技对金融机构的影响

（一）短期影响

1. 节约成本

金融机构使用监管科技解决方案，可以自动化分析海量的公开和私有数据，核查是否符合反洗钱（AML）等监管政策。不仅如此，金融机构利用监管科技新兴数字技术，可实现合规程序和人工报告的数字化，以最小成本达成不同监管机构的合规要求，减少人工干预和重复检查的次数，从而大幅降低人力成本以及遵循法规所产生的合规成本和负担。

2. 提高风险管理能力

风险管理是确保金融机构日常业务安全运营和长远健康发展的基石，金融机构借助监管科技，在基于大数据技术和软件集成工具的风险管理应用中有诸多优势。一方面，监管科技将金融机构的非结构化数据和定性数据以及可疑的交易模式以可视化和水平扫描的方式进行分析和解释，帮助监管人员查看并理解数据，及时获取分析结果。另一方面，监管科技运用机器学习实时监测金融机构业务运营活动，积极识别风险和潜在问题，并根据合规参数提供有益建议，实现金融机构风险框架和内部控制的无缝衔接，从而完善自身合规管理体系。

3. 持续合规

金融机构不仅要遵守监管的现有规定，还需积极应对监管新规。因此，金融机构不仅需要持续进行审计、报告、管理等活动以符合现有规定的合规要求，还需考虑监管规则的变化，为监管新规的战略和计划的实施做好准备。监管科技解决方案致力于帮助金融机构跟进法律法规和监管要求的变化，强化对监管法规的理解能力，提高响应监管变化和迅速执行及部署的应变能力，并以最小扰动快速融入金融机构现有系统，更好地执行和落实监管制度。

（二）长期影响

1. 提升客户体验

监管科技解决方案将有助于提升客户体验。例如，一个强大的风险欺诈检测平台利用各类欺诈检测工具对客户行为进行深入研究，并对欺诈风险迅速做出准确判断，缩短交易时间，减少客户身份验证的次数，提高交易效率。此外，数字加密技术能保证客户个人信息和财务信息更加安全，在保护客户的消费者权益的同时，使客户可以放心交易，进而提升客户体验。

2. 改善公司治理水平

金融监管作为金融机构外部治理的一部分，与公司治理休戚相关。金融机构运用科技来处理资产安全、交易安全、法规遵循等问题，有助于完善其内部控制功能，提高公司治理能力和风险管理水平，积极推进公司内控合规和日常经营活动朝着更为透明化的方向迈进。

3. 巩固市场竞争力

在金融深化改革的背景下，金融机构面临日趋收紧的监管挑战和激烈的市场竞争，强化内部风险管理机制是提升其经营能力和市场竞争力的必然选择。监管科技解决方案不仅可以改善客户体验，也可以维护金融机构的财务健康，加强自身风险防控能力，有效减少风险事件的发生，从而巩固自身市场竞争力。

第九章 互联网金融业态安全

第一节 网络支付安全

一、互联网支付的风险

金融离不开经济活动，经济活动离不开支付。互联网支付作为互联网金融的重要组成部分，受众十分广泛。然而近年来不法分子利用钓鱼网站、入侵网络支付系统等非法途径窃取个人信息、盗取银行卡账号和密码的事件频频发生，给消费者带来了不少安全问题。互联网支付面临的风险主要有信用风险、流动性风险、技术风险、操作风险和支付方式的安全风险。

（一）信用风险

异步交换是互联网金融支付的一大特征。在传统方式的交易中，买卖双方都是面对面地进行交易，即一手交钱、一手交货，钱和物的交换几乎是同时进行的。但是随着电子商务和网络购物的兴起，相隔千里甚至是地球两端的交易双方也可以通过互联网进行交易，这时同步交换几乎是不可能的，而是需要物流运送。为了解决异步交换的问题，第三方支付应运而生。第三方支付是指在买家与卖家之间引入第三方，在交易过程中承担了担保的角色，交易双方在进行交易时，由第三方先将资金进行托管，等交易完成之后，再由第三方将资金入卖家账户。第三方支付的产生较好地解决了网络交易的信用问题，但也产生了新的信用风险：卖家可能欺骗买家，在买家付款之后，伪造出货单或物流信息等方式虚假发货；买家也可能在收到货物之后，以丢失为名要求卖家退款。同时，第三方支付机构由于在交易过程中将资金先行托管，因此可以掌握大量沉淀资金，而这些资金如果不能合理进行保管，出现挪用或者丢失的情况，都会造成信用风险。

（二）流动性风险

严格意义上的互联网支付组织类型只有两类：金融机构类支付组织和非金融机构类支付组织。金融机构类支付组织因为是传统的金融组织，一般具有较高的现金管理能力和营运能力，流动性风险产生的可能性较小。而一些非金融机构类组织，也就是第三方支付机构，由于是由互联网公司建立的，可能缺乏现金管理能力，容易导致资金周转不足而引发流动性风险。

从第三方支付的运行流程来看,买方并不向卖方直接付款,而是将资金先汇入第三方支付平台指定的账户中;待买方确认收货之后,第三方支付平台才会将资金支付到卖方账户上。由此可以看出,由于存在资金收付的时间差,买方资金在第三方支付平台有一个短暂的留存期,一般而言为 2~15d。这段时间内,虽然资金的所有权并没有发生转移,仍在买家手里,但是资金却停留在第三方支付机构中,由第三方支付公司进行支配。如果第三方支付公司管理不当或者将这些资金用于其他投资,则可能面临无法及时收回而带来的流动性风险。

(三)技术风险

技术风险主要是指硬件风险、软件风险。如今,互联网金融支付交易的数量越来越大,交易群体越来越多,而互联网金融交易平台中所使用的硬件、软件都存在滞后的问题,一旦出现软硬件故障,就会引发支付延迟,甚至将支付信息丢失,这一隐患是长期存在的。

(四)操作风险

操作风险是由消费者的行为习惯及网络环境、交易主体操作失误或由互联网金融的安全系统造成的。移动支付的安全性在很大程度上取决于客户的行为习惯,目前频繁发生以假冒银行短信、提示密码器升级、诱骗客户登录假冒银行网站等手段诈骗资金的事件,已造成了重大资金损失,严重影响了银行信誉、消费者权益和互联网金融业务创新的发展。从交易主体操作失误方面来看,可能是由于交易主体对互联网金融业务的操作要求不太了解而造成的支付结算终端资金流动性不足等操作性风险。从互联网金融安全系统方面来看,可能是由于互联网金融风险管理系统、账户授权使用系统、与客户交流信息系统等的设计缺陷而引起的操作风险。

(五)支付方式的风险

线上支付是互联网支付的主要形式,而线上支付的方式也多种多样,有 U 盾支付、移动支付、快捷支付、短信验证支付、微信支付、二维码支付等。但这些支付方式也都隐藏着风险隐患。

1. 二维码支付

二维码不仅有支付功能,还有信息获取、软件下载等功能。如果使用二维码来做交易验证,如不懂支付安全的人扫描来源不明的二维码,就很容易受骗执行恶意程序。

2. 短信支付

用户收发的短信是可以在空中被截获的,短信发送号码可以伪造,手机 SIM 卡容易被复制,可以使用身份证复印件申请手机号码或者补卡,超小型伪基站可作中间人发起攻击,无线 WiFi 信号容易被截获,导致账号和密码泄露等。

3. 快捷支付

安全关键在于手机,要保证手机绝对安全,特别是保证短信安全,才能保证快捷支付的安全。如果有人知道了用户的支付宝或财付通账号,同时又掌握了用户的手机,那就意味着该用户账号里绑定银行卡的资金就很容易被盗用。

4.U盾支付

虽然U盾有着较高的安全性,可以对数据进行加密,但如果U盾中了木马病毒,也会造成安全风险。当U盾木马发现用户插入U盾时就会自行启动,拦截用户的汇款信息,从中解析出账号和密码等资料,并将汇出目标账号替换为黑客指定的账号,造成用户财物损失。

二、互联网支付风险的防范措施

(一)对互联网金融支付平台进行及时评估

经济与网络的快速发展推动了互联网金融支付的发展速度,互联网金融支付的地位越来越高,监管部门要认识、认可互联网金融支付平台的地位。互联网金融支付在不断创新与发展的过程中,要进一步加强其准入监管、动态监管,保障互联网金融支付的稳定性与安全性。

(二)提升互联网金融支付的效率

互联网金融支付平台具有延时结算的特点,可以想方设法将其接入人民银行支付平台,这样就可以将互联网金融支付平台置于支付清算与监管体系之中。按照具体情况,创建直接接入和间接接入相结合的方法,最终实现互联网金融支付平台接入网上支付的跨行清算系统中,金融"脱媒"现象的发生将得到有效避免,互联网金融支付平台的清算效率、流动性管理水平都将得到提升,防范支付风险。

(三)强化互联网金融支付控制

互联网金融支付平台内的资金流向必须要清晰可控,首先要严格执行账户实名制规定。制定与互联网金融支付特点相符的支付格式报文,使其与银行机构发起的业务进行区分。互联网金融公司在支付系统中具有特殊的身份,根据互联网金融公司的支付指令与数据,按照银行机构展开清分活动,并形成特殊的报文格式。银行机构对报文进行解析后,将信息反馈给支付系统,然后系统自动组包发送给第三方支付机构,最终完成清算工作。支付系统用特殊的格式报文全程监控互联网金融公司的清算流程,有效规避了风险。

(四)对互联网金融支付的动向进行密切监控

对于互联网金融支付创新和风险的状况,监管部门应当给予高度关注,加大对互联网金融支付平台的大数据分析,依照最新的情况制定调整监管的策略。所以,监管部门要提升自身分析互联网金融公司支付平台数据的能力,尤其是要创建互联网金融公司支付数据的大数据库,根据最新数据资料制定细致、全面、有效的相关政策,以强化规避风险的能力。

第二节　网络借贷安全

一、网络借贷的风险

我国的 P2P 网络借贷起步较晚、发展迅速，加之缺乏相关的监管经验，相应的法律制度也不健全，导致网络借贷的安全问题尤为严重。网络借贷的风险主要体现在非法集资风险、流动性风险、道德风险、管理风险、技术风险和法律风险六个方面。

（一）非法集资风险

在 P2P 网络借贷的交易流程中，借贷双方的资金一般需要通过中间账户进行操作。虽然借款人和贷款人在网络中直接建立借贷关系，但是他们之间的资金往来却需要中间账户进行处理，然而中间账户的资金和流动性情况却并不透明。目前，我国大多数 P2P 网贷平台都宣称采用对接第三方支付平台的方式实现资金托管，然而事实上，这些 P2P 网贷平台只是在第三方支付平台开立了一个类似对公账户的虚拟账户。平台用户在实际操作中需要先充值到平台才能进行借贷，尽管用户能够看到自己在平台的资金状况，但是这部分资金是沉淀在平台对公虚拟账户中的，第三方支付平台并没有权限也没有义务对 P2P 网贷公司的客户资金进行监管，资金的调配权仍然掌握在 P2P 网贷公司手中，而且 P2P 网贷公司一般都没有严格的资金收集、管理和使用程序，没有妥善保管资金安全的相应规范制度，没有控制资金风险的相应措施，导致 P2P 网贷公司的业务人员或者 P2P 网贷公司本身能够轻易地挪用平台用户充值的资金。

（二）流动性风险

P2P 网贷流动性风险是指 P2P 网贷平台由于投资者挤兑造成资金供应不足甚至是资金链断裂的风险。导致 P2P 网贷平台产生流动性风险的原因主要有平台自行担保、拆标及自融等因素。

大多数中国人的投资理念都比较传统和保守，强调保本保息，因此，P2P 平台为了吸引投资者，大多都推出了本金保障甚至本息保障计划，这意味着一旦借款人出现违约状况，平台需要用自有资金先行垫付给出借人本金或者本金利息，这大大增加了 P2P 网贷平台的运营风险。若出现大规模坏账，出借人要求提现，P2P 平台的自有资金不足以覆盖全部的挤兑要求时，就会面临流动性困难。

拆标是 P2P 网贷平台常用的手段，它是指将一个期限较长或者金额较大的借款人借款标的拆成几个甚至是几十个期限较短、金额较小的借款标的，继而形成期限和金额错配。投资者大多希望投资的金额小、期限短，而借款人大多希望借款的金额大、期限长，供求的不匹配导致很多 P2P 平台为了吸引投资者而采取期限错配的手段。例如，借款人申请贷款 1000

万元,借款期限 36 个月,这样大额、长期的借款标的发布后很难在短时间内筹集到足够的资金,因此平台通常会将 1000 万元拆分为 10 份甚至是 100 份,期限缩短为 1~三个月,滚动放标。这样既满足了借款人的借款需求,又满足了投资者的投资需求,然而期限错配却需要很高的技术能力。如果网贷平台能够实现"借新还旧",其流动性风险便不会爆发,而一旦平台发生投资人挤兑行为,便会很容易造成流动性危机爆发、平台倒闭的后果。拆标本身并不违规,然而拆标的技术含量极高,不仅需要 P2P 平台有足够的风控技术去应对可能出现的挤兑风险,还需要专业人士很精确地计算和设计折标形式以保证资金的正常运转。

自融是一些急需资金的企业或者小额贷款公司在网络上创建 P2P 网贷平台,通过发布借款标的达到融资的目的,但这种模式已超出 P2P 网贷平台的界限,很容易形成资金池,涉嫌非法集资。

我国颁布的《网络借贷信息中介机构业务活动管理暂行办法》明确要求网络借贷平台不得从事自融和自担保,这在一定程度上控制了 P2P 网贷平台的流动性风险。

(三)道德风险

近年来,P2P 网贷平台破产、"跑路",投资人亿万资金无法兑付的新闻时常占据各大网络媒体的头版头条,"涉嫌非法集资""经侦调查""关门跑路"等负面词汇也成为 P2P 网络借贷问题平台的高频词汇。

除此之外,一些 P2P 网贷平台并未严格遵守不得设立资金池的监管要求,沉淀资金存在被挪用的道德风险,这是欺诈性、自融性平台常有的风险表征。目前,少有 P2P 网贷平台公布其经审计的财务报告。事实上,即使 P2P 网贷平台公布财务报告,也无法说明平台借贷相关的财务问题。对于 P2P 网贷模式来讲,平台本身并不是债权债务方,坏账率等指标不会反映在其财务报告的任何指标中。财务信息的不透明加大了投资者对平台信用预期的不确定性,投资者权益容易受到侵犯,也加大了风险治理的难度。

(四)管理风险

P2P 网络借贷指的是个人投资者通过网络平台把资金借给个人资金需求人,看似简单,实际操作起来却很复杂。P2P 网络贷款属于新兴产业,是金融行业的创新模式,在我国的发展历程较短,市场并不成熟。很多投资人没有正确理智地对待这种金融产品,只是冲着高收益而去,而资金需求者则是奔着套现而去;作为网贷平台公司本身,开设的初衷大多也只是为了谋利,其组织架构中缺乏专业的信贷管理人员,技术人员不具备贷款风险管理的知识和资质,因此很难把握和处理好网贷平台运营过程中所出现的问题,产生大量的坏账,最终只能倒闭。

(五)技术风险

随着信息技术的进步,常引发新的、更多形式的安全威胁手段与途径。随着网贷行业的蓬勃发展,很多网络公司纷纷投身网贷行业,为了达到盈利的目的,很多平台都是直接购买现成的模板,缺少自己的风控系统,在进行技术改造时不能保证完全成熟和完善,存在安全隐患；加之平台更为重视营销推广而轻视技术改造，极大地影响了网络系统运行的稳定性。技术漏洞的存在导致恶意攻击的风险不断加剧，诸如电脑黑客入侵等，攻击平台、修改投资人账户资金、虚拟充值真提现等问题逐步显现。特别是由于网贷属于新兴业务，相关的法律法规条文非常缺乏，黑客大肆攻击、要挟平台事件频繁出现，严重影响了平台的稳定运营。

（六）法律风险

在 P2P 网贷发展过程中暴露出诸多的法律风险，这些法律风险集中体现在以下方面：平台没有资金存管或资金存管不合规、私设资金池、平台自融、从事线下放贷、利率超过法律的最高限额、违规为借款人提供担保甚至自保，违法违规催收到期债权等方面。

二、网络借贷风险的防范措施

（一）设立准入门槛，加强政府监管

P2P 网贷平台的准入门槛相对较低，运营成本不大，但是利润空间巨大，因此大量的网络公司、人员和资金都涌向该行业，导致行业中鱼龙混杂、良莠不齐，一些资质不佳、自融性、欺诈性的平台相继出现在市场当中，严重损害了 P2P 行业的公信度。监管部门目前虽然已经设立了一定的准入门槛，但是与第三方支付行业发放牌照的方式相比较，P2P 网络借贷的准入门槛依旧比较低。对准入行业限制较少、注册资金的要求不高是监管部门应该改进的地方。提高准入门槛、提高注册资本的限额、对 P2P 平台采取备案形式进行监督、对 P2P 网贷上的交易进行登记、谨防假标出现是我国监管部门下一步的监管目标。

（二）第三方资金托管

为了防止 P2P 网贷平台和其从业人员擅自动用和挪用客户资金，整个交易过程应该实施清算与结算分离、资金流与信息流分离的做法，从而保证平台不在任何时候因任何理由以任何方式使用客户资金，保障客户资金的安全性、平台服务的独立性及经营的合规性。所以在客户资金托管方面，P2P 平台应该交由第三方支付或者银行进行托管。目前，我国银保监会要求 P2P 网络借贷平台的资金交由银行存管，但是部分银行因为金额太小而拒绝此类业务，第三方支付平台成为大多数 P2P 平台的选择，在资金清算的过程中，P2P 平台首先发出清算指示，然后由出借人对此指示进行确认，直接由第三方支付公司将款项打入借款人账户中，整个过程 P2P 公司只有查阅账户明细的权利，而无权调动客户资金。

（三）加强行业自律

2016 年，中国互联网金融协会正式挂牌成立，这标志着我国互联网金融自律性管理的提升。2016 年，在北京市网贷行业协会的牵头下，北京地区的多家 P2P 平台联合成立了合规风控联盟，并发布了自律公约。自律公约要求 P2P 服务机构合法合规经营，对于完善企业内部控制和治理，提升风险管理能力，防范信用风险、操作风险、流动性风险、市场风险等起着重要的作用。

（四）完善监管细则

2015 年 12 月，银监会会同工信部、公安部、国家互联网信息办公室等部门共同起草了《网络借贷信息中介机构业务活动管理暂行办法（征求意见稿）》，开启了 P2P 网络借贷专项整治的序幕；2016 年，国务院颁布了《互联网金融风险专项整治工作实施方案》，同年 8 月，由银监会牵头发布了《网络借贷信息中介机构业务活动管理暂行办法》，被称为史上最严的网络借贷监管细则；2017 年，银监会又印发了《网络借贷资金存管业务指引》，要求 P2P 网络借贷平台贯彻执行。一系列的监管政策显示出我国监管部门对 P2P 网络借贷行业的整治决心，但是 P2P 网络借贷的问题依旧明显，因此还需要不断完善监管细则。

（五）完善社会征信体系

目前人民银行征信系统尚未与 P2P 网贷公司进行有效对接，因此 P2P 平台在获取客户信用的时候需要花费大量的人力、物力、财力对借款人进行信用甄别，这降低了整个贷款流程的效率，也加大了 P2P 平台的风险成本。"校园贷""现金贷"的乱象也大多是因为借款人重复借贷产生的。如果人民银行征信系统与 P2P 网贷数据能形成有效的对接，相互之间可以实现数据互补，将大大推进我国整个信用体系的建设，对于防范风险有着重要的积极意义。

第三节　互联网其他业态安全

一、互联网保险安全

（一）互联网保险的风险

互联网保险是伴随着电子商务在保险业的渗透应运而生的，作为一种传统和现代的结合，互联网保险开创了新的业务渠道和销售方式，给保险业注入了新的活力，同时也给保险业带来了新的风险。

1. 信息安全风险

互联网保险业务是以信息技术为基础的，绝大多数保险服务如投保、承保、核保、理赔、给付等过程都需要通过互联网来完成，因此互联网保险业务顺利开展的重要前提就是信息安全和保密。互联网具有开放性，在提供便捷服务的同时也蕴藏着不安全的因素，一旦信息泄露就可能带来风险。系统的漏洞、操作的失误、黑客的非法入侵都可能带来客户信息被泄露、篡改甚至删除的风险，而这些信息一旦遭到更改或者删除，将直接影响到保险公司的定价、经营和销售，给保险公司乃至保险市场带来不良的影响。因此，信息资源的保密性、完整性、可用性对于从事互联网保险的公司来说尤为重要。

2. 产品风险

互联网保险产品不同于一般的商品，其本身具有复杂性、长期性、无形性的特点，这些特点使互联网保险具有许多不确定性，因此，代理人和经纪人在互联网保险的销售过程中起着重要的作用。互联网保险的受众群体是广大网民，因此在销售互联网保险产品时需要简单明了的产品介绍，有助于消费者理解。网络销售方式更适合保险责任简单的险种，一些较为复杂的险种因为核保难度大、容易产生纠纷的特点有待保险公司进一步开发，这也导致了目前我国互联网保险产品品种相对单一、同质化严重，产品在定价、服务等方面存在不足等问题。

首先，我国的互联网保险产品品种较少，虽然保险名字纷繁复杂，但归根结底大多是责任简单的意外险、责任险和保证险，如车险、运费险等。而对于保险责任和条款较为复杂的健康险和寿险产品存在不足，产品结构也不合理。除此之外，近年来，为了吸引消费者，一些带有噱头性质的"奇葩险"进入人们的视野，如"赏月险""跌停险""爱情险"等，这些保险没有基于保险精算进行风险定价和费率厘定，与保险本质相左，具有博彩性质，实际上不能被称为保险。

其次，我国的互联网保险产品还存在理财属性被过分强调的现象。很多保险公司为了吸引消费者，推出的互联网保险产品大多具有较高的收益率，变成了纯粹的理财产品，其保险的保障属性被弱化；在产品定价上，这些具有较高收益的保险产品因为缺乏保险精算数据而存在较大风险，与传统保险在损害计量上有较大差异，在定价上也存在偏差。

最后，产品的附加服务没有受到重视，也没有得到深度挖掘。保险产品的附加服务是指保险公司为客户提供的除基本保险责任以外的额外服务，如为购买健康险的客户提供免费健康检查、预约挂号等。互联网保险产品更应该注重产品的附加服务，这些附加服务可以体现保险公司的特色，也是保险公司的竞争力所在。而我国现阶段网销保险产品大多忽视了附加服务的提供。

3. 服务质量风险

保险产品在互联网上销售出去只是保险产品链上的一个环节，后面的承保、投资、赔付等环节离不开保险公司的运转，客户服务是保险产品价值的真正体现。互联网保险打破了时间和空间的局限，突破了地域的限制，大大延展了投保人分布的区域，保单件数大量增加，相应的投诉量也大幅增加。面对海量的理赔案件，很难保证保险公司的责任能完全落实，这也是导致客户投诉率上升的重要原因。

由于保险产品的复杂性，投保人在网上购买保险时，极易对保单中的条款产生误读、漏读，进而在后续承保、理赔过程中与保险公司发生纠纷，降低客户满意度。因此，服务质量风险还表现在信息披露不充分上。互联网保险中，消费者通过网络自助购买保险产品，不同于传统保险渠道，缺少与销售人员面对面的沟通。在这种情况下，保险公司有很大的动力在网页设计上下功夫，通过夸张的营销方式吸引潜在消费者，如过分夸大保险的投资收益率，这与保险产品严谨审慎、明示风险的销售要求相悖。信息披露不透明、不充分，将直接影响消费者对产品的选择和购买,损害客户利益。

4.道德风险

互联网开放、平等的特征决定了其对消费者的进入没有限制。由于缺乏面对面的交流,保险公司无法掌握投保人及被保险人全面、真实的情况,导致保险公司和投保人之间信息不对称风险的增加,与保险"最大诚信"原则相违背。

保险产品的设计和保险费率的厘定以大数法则为依据,反映的是随机事件在大量重复中出现的规律。当按照市场上投保人的平均风险程度确定保费后,较高风险者更愿意参加保险,而较低风险者认为参保对自己不划算,往往不愿投保。投保人这种趋利避害的行为在互联网保险上表现得更为明显,这就造成了互联网保险中的逆向选择。

道德风险一直以来都伴随着保险业的发展,较多出现在保险合同订立之后。例如,投了车险的人可能会比未投保时开车更莽撞,享有医疗保险的人会比别人更倾向于去医院获得更多医疗资源和服务。在网络环境中,由于缺乏有力的监督约束机制,加上保险理赔过程中电子材料造假难以查证,道德风险不容忽视,否则容易给保险公司带来不必要的损失。

5.流动性风险

一般来说,保障型保险的负债久期与资产久期相匹配。但目前在互联网上盛行的理财型保险具有预期收益率高、产品期限短、保障功能弱的特点,使保险公司的负债久期远小于资产久期,从而进一步推高了资金成本。为了按期给付这些短期理财型产品,保险公司不得不将这些短期资金配置到收益率较高的中长期资产项目中。部分保险公司在互联网上大力宣传并销售的产品,其收益率高于银行乃至同期"宝宝类"理财产品,以高收益率吸收保费。但是,在规模迅速扩张的同时,由于负债端期限短,保险公司很快将面临满期给付的压力,因此要时刻留存一定的准备金供兑付,资金流动性风险由此产生。在资金流动性风险的压力下,这种饮鸩止渴的行为必将难以为继。

(二)互联网保险的风险防范策略

互联网为保险业的发展创造新机遇的同时,其发展面临的风险也不容忽视。然而,这也是所有新生事物在技术尚不成熟、监管尚不到位时的阶段性特征。只有保险公司、消费者、监管部门三方共同发力,才能有效防范互联网保险带来的风险,实现保险业在网络环境下的蓬勃发展。

1.提高保险公司的信息技术水平

第一,加强信息安全保障措施。互联网保险中,信息安全尤为重要。应提高服务器和数据库的安全级别,注意维护系统安全。为确保用户隐私信息安全,公司应建立有效的互联网保险风险评估和监测体系,主要包括制定、实施网络系统安全规范,预测、防范系统安全隐患,进行严格的网络隔离与监控,及时对数据进行备份,定期检查系统安全情况,对系统破坏进行恢复与重建等。在技术方面,对网络加密技术、访问控制、防火墙、电子支付、CA认证和数字签名等技术进行深入研究,为互联网保险的发展提供强有力的技术支持。

第二,重视对优秀人才的引进和培养。加强对业务操作人员的专业技能培训,提高其对网络风险的鉴别能力,减少误操作和泄密事件的发生。互联网保险业务的开展需要既了解保险知识又熟练掌握信息技术的复合型人才的支持。公司的信息技术部或网销相关部门不再仅仅作为公司的后台支援部门,而是承担着网页制作、官网功能开发、渠道对接、手机客户端及微信端的设计开发等职责,对公司的网销业务意义重大。保险公司需要对网销人才及信息技术部重新定位,给予其更多的资源支持。

2. 优化互联网保险产品开发设计

一是重视产品创新,开发个性化产品。互联网保险具有小额、海量、高频、碎片化特征,可充分发挥"长尾效应"。保险公司要加强对市场和客户群的分析,积极利用大数据和云计算技术,将风险损失和保险责任匹配,有效对海量客户进行细分并精准定位,开展定制化保险产品设计,推出符合不同市场特征和客户需求的个性化保险产品及服务。要以用户为中心,不断创新互联网保险产品设计,尽快推出互联网保险专属产品,与线下销售的产品实现差异化。对保险产品同质化困局的破解,无疑将使保险公司在市场上获得极大的竞争力。

二是优化产品结构,引导理性消费。保险公司应积极优化互联网保险产品结构,增加保障型产品的比重。杜绝对保险产品收益的夸张性描述,引导消费者认识到网销保险产品的核心功能——风险保障,促进互联网保险回归保障本质。与此同时,对互联网保险与传统渠道保险实施差异化的产品策略,多开发互联网保险专属产品,避免与其他业务渠道形成竞争关系而相互抢占市场。

三是重视产品附加服务。保险公司不应局限于互联网保险产品本身,而要主动为保险消费者提供产品以外的一系列服务。例如,销售健康险后可为客户提供网上就医咨询、全程导医导诊服务,对购买旅行意外险的客户提供紧急救援服务,通过这些附加服务可加深与客户的交流,提高客户对保险公司的认可度和信任感。保险公司可利用自身的电商平台建立客户个人信息数据库,进行深度数据挖掘,有针对性地为客户提供个性化服务。

3. 完善互联网保险服务体系

一是做好保险售后服务,特别是理赔服务。服务品质的高低决定了客户黏性,这点在互联网保险业务中尤为重要,因为网销保险产品主要依靠客户主动购买。包括人身意外伤害保险、定期寿险、普通型终身寿险等在内的部分险种的互联网保险业务,可以将经营区域扩展至未设立分公司的省、自治区、直辖市。这一方面在很大程度上弥补了中小型保险公司分支机构较少的弊端,拓展了业务开展区域;另一方面也对线下服务提出了更高要求,尤其是异地线下的增值服务。当前已经出现个别保险机构由于在异地没有分支机构提供后续服务,而不得不限制互联网保险业务的开展。为此,保险公司可以在未开设分支机构的地区委托当地的保险中介机构来为网销客户提供售后服务。

二是建立用户友好型线上服务体系。通过清晰友好的页面设计、通俗易懂的文字和简单明了的演示,帮助用户正确深入地了解产品,减少用户对条款的误读。建立网上自动化服务体系,规范并简化在线咨询、购买、支付、承保、理赔等环节,通过互联网便捷高效的特点,改善用户体验,促进保险向智能化、自动化转变。保险公司要大力开展智能手机、平板电脑等移动终端的网销业务,针对移动设备的特点和用户的需要,不断优化自己的应用,顺应互联网发展趋势,进一步提高网销服务的便捷性。

三是加强信息披露,提高市场透明度。信息不对称是销售误导的主要根源,极易引发投保人和保险人发生纠纷。保险公司要通过书面合同、官方网站、电话告知等方式,依法主动向投保人提供相关详细信息,包括保险责任、免责条款、退保的权利义务等,确保信息列示的完整、客观,便于投保人查阅。针对容易引发争议的环节,要重点提示客户,保障其知情权和选择权,从根源治理销售误导行为,让消费者明明白白买保险、安安心心获理赔。

4. 提升公众对保险的认知度

个别保险公司社会口碑较差、整体形象不佳,存在销售误导、理赔难、从业人员素质偏低等问题。互联网保险更是由于技术、受众、产品结构等问题,尚未获得公众的广泛认可。不论是保险监管部门还是保险公司本身,都要格外重视和提高互联网保险行业的信誉和社会形象,加大互联网保险的宣传力度,向社会公众普及互联网保险知识,降低信息不对称,消除社会对保险业的成见与误解;培养公众主动购买保险的意识和习惯,培育良好的市场基础,提升公众对保险的信任感。通过宣传教育也能让消费者有效识别、警惕互联网保险中隐藏的风险,避免很多不必要的损失和纠纷,不仅有效保护了投保人的合法权益,也有利于营造良好的网络生态环境。

5. 完善互联网保险监管机制

互联网保险面临着传统风险和新型风险叠加的特殊情况,保监会要对其加强监管,对于网销业务,要与传统线下业务一样从严监管。同时,互联网保险的创新特性也要求监管者不断提高技术水准和对信息化的理解,给互联网金融发展创造良好的环境。

一是进一步完善相关法律法规。建议在相关法律中加入互联网保险的相关内容。对保险人、投保人、被保险人、监管部门的行为进行规范约束,使互联网保险有法可依,以法律的刚性保障互联网保险业务的健康发展。另外,大力推进我国信用制度建设,建立全国统一的社会信用代码制度和信用信息共享交换平台。以信用制度作为互联网金融的坚实支柱,减少并预防网销保险业务中的欺诈行为,尽力避免道德风险。

二是依法适度监管。互联网保险监管要以保护消费者利益为出发点,坚持公开透明原则。监管部门应从机构管理、市场行为规范、市场退出机制和系统性风险防范等方面做出监管制度安排。重点对保险公司的偿付能力进行监督,建立互联网保险产品审批制度、互联网保险单独核算制度等,以确保偿付能力充足。在严厉打击保险欺诈、洗钱等违法违规行为的同时,监管方面还应以包容的态度尊重互联网保险的创新性,避免过度监管而遏制其正常发展。采取多样化监管手段,让公司内部治理、行业自律、社会监督在互联网保险发展和监管中发挥协同作用。给市场充分的空间,让"看不见的手"在市场资源配置中起决定性作用,实现互联网保险创新与监管的动态平衡。

二、互联网信托安全

（一）互联网信托的风险

互联网信托在传统信托的基础上获得了互联网带来的优势,同时存在新的风险。

1. 道德风险

互联网信托受益人的大量资金均由互联网信托平台进行操作,但目前中间平台的资金和流动性情况处于监管真空状态,资金的调配权属于互联网信托公司,大额资金得不到监管,很容易引发道德风险。

2. 流动性风险

目前互联网信托行业的信用尚不明确,平台之间激烈的竞争使得当居间人的互联网信托平台在向大众募集资金时往往要提供相应的抵押资产,当互联网信托提供的抵押资产不足以抵押所有的募集资金时,互联网信托平台就会面临流动性风险。

3. 法律风险

《信托公司集合资金信托计划管理办法》对合格投资者存在委托信托计划的最低金额不少于 100 万元人民币,最近 3 年个人年收入每年须在 20 万元以上,单个信托计划的自然人人数不得超过 50 人等诸多规定。根据该办法,互联网信托不应向普通的投资者销售相关信托计划产品,只有信托计划的合格投资者才能够投资,而目前很多互联网信托平台充当居间人的做法实则是在打法律的"擦边球",存在较大的法律风险。

4. 信用风险

互联网信托通过拆分标的的形式,大大降低了进入信托行业的门槛。由于国内信用查询环境不够成熟,大部分互联网信托平台对借款企业及其法人的资产和信用情况不够了解,无法对募集资金进行有效的管理,极易导致坏账的出现。且由于互联网平台用户无法直接接触到实际的信托公司,互联网信托平台经营者可以通过编制虚假项目、虚假增信、虚假债券等手段吸引投资者的资金,造成风险。互联网信托中,投资者无法直接接触并了解其投资产品的实际情况,而是根据网站的产品介绍和信息披露了解相关产品,使得投资者无法监督资金流向,增加了潜在的资金偿付风险。

5. 信息泄露风险

从投资者信息安全的角度来看,投资者在进行网络金融交易前必须经过烦琐的个人信息认证,包括姓名、电话、家庭住址、身份证号、电子邮箱等个人信息都必须上传并由互联网企业保存,一旦这些个人隐私信息因为网站的疏忽或外部网络安全等因素遭到泄露,将给投资者带来巨大的损失。

（二）互联网信托风险的防范措施

1. 完善与互联网金融理财业务相关的法律法规

首先,修订完善现有金融法律法规。对与互联网金融理财业务相关的各项法律法规进行修订,同时增加互联网金融业务及其风险约束的规则,尽快将各类新型互联网金融形式纳入监管范围。其次,信托产品流转的合法合规模式的界定。目前,平台所推出的模式有团购、信托收益权拆分、增信等,但是其本质一致,都是试图降低投资门槛。因此,在信托合格投资者门槛无法打破的情况下,需要明确信托产品流转模式的合法性。最后,信托产品登记机制的落地。缺乏登记制度,既不利于信托受益人的权益保障,也不利于产品的流通转让以及部分互联网信托创新业务的开展。

2. 构建全面有效的监管体系

首先,明确监管机构,根据各类互联网金融理财的业务范围来明确相应机构的性质和定位,从而确定其监管部门。其次,建立监管协调机制,根据互联网金融理财业务所涉及的领域,建立以监管主体为主,相关部门协调配合,行业自律为补充的监管机制。再次,明确监管原则,监管当局应该以鼓励创新、关注潜在风险为原则,适时适度地进行监管。最后,加强行业自律。按照央行"互联网金融发展与监管研究小组"确定的方向,组织成立互联网金融行业自律组织,制定自律规范,加强信息披露,强化行业的自律监管。

3. 加强互联网金融消费者权益保护

首先,依托现有金融消费权益保护机构开展互联网金融消费者权益保护工作,建立保护协调合作机制。其次,加强对互联网金融消费者的风险教育。以互联网金融理财平台和监管主体为宣传教育主体,通过各互联网金融平台发布产品的投资风险和操作安全知识,改变消费者追求高收益的盲从理念,同时由监管部门辅以必要的互联网金融知识教育,提高消费者的风险识别和保护能力。最后,完善消费者信息保护制度。

参考文献

[1] 张成虎 . 互联网金融风险管理 [M]. 北京：中国金融出版社，2020.

[2] 都红雯 . 互联网金融研究 [M]. 西安：西安电子科技大学出版社，2020.

[3] 赵保国 . 互联网金融理论与实践 [M]. 北京：北京邮电大学出版社，2020.

[4] 王明哲 . 互联网金融信用风险研究 [M]. 北京：企业管理出版社，2020.

[5] 史浩 . 互联网金融支付 [M].2 版 . 北京：中国金融出版社，2020.

[6] 赵丹 . 互联网金融趋势下银行技术创新研究 [M]. 北京：中国旅游出版社，2020.

[7] 帅青红 . 互联网金融 [M]. 大连：东北财经大学出版社，2020.

[8] 王媛，范春 . 互联网金融 [M]. 成都：电子科技大学出版社，2020.

[9] 胡冬鸣 . 互联网金融基础 [M]. 北京：中国财政经济出版社，2020.

[10] 崔满红，李照临 . 互联网金融概论 [M]. 大连：东北财经大学出版社，2020.

[11] 衷凤英 . 互联网金融风险及监管措施 [M]. 哈尔滨：黑龙江人民出版社，2020.

[12] 牛瑞芳 . 互联网金融 [M]. 中国财富出版社，2019.

[13] 武艳杰 . 互联网金融创新 [M]. 广州：中山大学出版社，2019.

[14] 郑迎飞 . 互联网金融产业组织研究 [M]. 北京：中国金融出版社，2019.

[15] 邱灵敏 . 我国互联网金融信息披露监管研究 [M]. 北京：知识产权出版社，2019.

[16] 谢文武，汪涛 . 互联网金融创新发展研究——杭州样本 [M]. 杭州：浙江大学出版社，2019.

[17] 毛茜，赵喜仓，李新潮 . 股份制商业银行互联网金融风险管理研究 [M]. 镇江：江苏大学出版社，2019.

[18] 常振芳 . 互联网金融信用体系建设和风险管理研究 [M]. 中国财富出版社，2019.

[19] 张立勇，霍芬，罗鹏 . 互联网金融概论 [M]. 武汉：武汉大学出版社，2019.

[20] 薄海，李志勇，张艳 . 互联网金融 [M]. 长沙：湖南师范大学出版社，2019.

[21] 申康达 . 互联网金融 [M]. 北京：中国财政经济出版社，2019.

[22] 谭玲玲 . 互联网金融 [M]. 北京：北京大学出版社，2019.

[23] 何剑锋 . 互联网金融监管研究 [M]. 北京：法律出版社，2019.

[24] 李保旭，韩继炀，冯智 . 互联网金融创新与风险管理 [M]. 北京：机械工业出版社，2019.

[25] 黄劲尧 . 互联网金融与科技金融概论 [M]. 北京：北京师范大学出版社，2019.

[26] 冯博，李辉，齐璇 . 互联网金融 [M]. 北京：经济日报出版社，2018.

[27] 贾焱 . 互联网金融 [M]. 北京：北京理工大学出版社,2018.

[28] 吕晓永 . 互联网金融 [M]. 北京：中国铁道出版社,2018.

[29] 郭福春,陶再平,吴金旺 . 互联网金融概论 [M].2 版 . 北京：中国金融出版社,2018.

[30] 吴金旺,靖研 . 互联网金融法律法规 [M]. 北京：中国金融出版社,2018.

[31] 杨晓波 . 互联网金融的发展之路 [M]. 上海：上海交通大学出版社,2018.

[32] 郭永珍 . 互联网金融创新与实践 [M]. 北京：经济日报出版社,2018.

[33] 张炳辉,吕鹰飞 . 互联网金融安全 [M]. 北京：中国金融出版社,2018.

[34] 刘元 . 互联网金融的规制路径研究 [M]. 吉林出版集团股份有限公司,2018.